Photo credit: René Mansi

웨이크업!

WAKE UP!

아무 생각 없이 흘러가는 삶에서 벗어나기

크리스 바레즈-브라운 지음 · 황선영 옮김

책만드는집

모든 미친 사람들, 괴짜들과 별종들,
남과 잘 어울리지 못하고 튀는 사람들에게 이 책을
바칩니다. 그리고 우리의 인생은 놀라움으로 가득
하며 그러한 삶이 바로 지금 펼쳐지고 있다는
사실을 아는 사람들에게 이 책을 바칩니다.
마지막으로, 깨어나고 있는
여러분에게도 이 책을 바칩니다.

차례

들어가며

나는 수년 동안 나답게 살지 못했다는 사실을 깨달았다.

그렇다고 해서 몸이 불편하다거나 건강에 문제가 있었다는 것은 아니다. 다만 그동안 다른 사람이 내 인생을 살고 있었다는 뜻이다. 살다 보면 나 자신, 가족, 친구들과 깊은 유대감을 느낄 때가 있다. 그리고 내가 하는 일과 우리가 살아가는 이 멋진 행성과도 교감할 때가 있다. 이런 순간은 특별하며, 이런 순간과 맞닥뜨릴 때는 정신이 굉장히 맑아지는 것 같다. 내가 그 순간에 온전하게 존재하며 의식이 완전히 깨어 있는 느낌이 드는 것이다. 모든 것이 완벽하기 때문에 부족한 것이 아무것도 없다고 생각될 정도다. 그런 순간을 경험할 때면 인생이라는 아름다운 여정에서 내가 어떤 사람인지, 그리고 어디에 속하는지 분명하게 알게 된다. 두려움이나 걱정 같은 것은 없다. 모든 것이 딱 알맞고, 그런 시각으로 세상을 보다 보니 모든 것이 재미있고 밝고 즐겁게 느껴진다. 인생은 환상적인 게임이라는 사실도 알 수 있다.

이런 상태의 문제는 오랫동안 지속되지 않는다는 것이다. 나는 금세 말도 안 되게 빠른 속도로 통제되지 못한 채 여기저기 돌아다니며, 의도치 않게 타깃에 부딪혔을 때만 포인트를 올리는 핀볼 같은 인생으로 돌아가고 마는 것이다. 그러다가 하루, 일주일, 한 달 뒤에 우연히 그런 상태에서 벗어나면 대체 그동안 무슨 일이 있었는지 고민하게 된다.
많은 사람이 A에서 B까지 운전을 하면서 목적지까지 가는 과정의 대부분을 기억하지 못한 경험이 있을 것이다. 직접 운전대를 잡아

안전하게 도착했는데도 마치 다른 사람이 운전했던 것처럼 거기까지 어떻게 갔는지 기억이 자세히 나지 않는 것이다. 그것은 바로 우리가 아무 생각 없이 자동적으로 운전을 했기 때문이다.

사실 이런 현상은 운전대를 잡았을 때만 나타나는 것은 아니다. 우리가 살아가는 동안 이런 일은 매일 벌어진다. 직장에서도 벌어지고, 집에서도 벌어지며, 삶 속에서 늘 계속된다. 이것이 바로 『웨이크업!』이 다루려고 하는 문제다.

아무 생각 없이 기계적으로 흘러가는 인생

인생의 대부분이 오토파일럿 상태autopilot(의식적인 자각 없이 자동적으로 행동하는 것—옮긴이)로 흘러가는 이유는 우리의 뇌가 작동하는 방식 때문이다. 인간의 뇌는 두 가지 방식, 의식적 또는 무의식적으로 작동한다. 의식과 무의식은 상당한 에너지를 소비한다. 여러 똑똑한 과학자에 의하면 뇌의 에너지 소비량은 전체 에너지의 약 25%를 차지한다고 한다.

의식적인 뇌는 논리, 합리적인 판단, 높은 수준의 인지 과정에 관여한다. 차를 빌리는 것이 사는 것보다 나을지, 또는 지열원 히트 펌프가 실제로 돈을 절약하게 해주면서도 환경에 도움이 될 것인지 판단하려고 할 때 우리는 의식을 동원한다. 이 과정에는 에너지가 많이 필요하기 때문에 머리를 많이 써야 하는 특별히 까다로운 문제와 씨름하고 나면 금방 피곤해진다.
반면 무의식적인 뇌는 상대적으로 더 효율적인 기계에 가깝다. 무의식은 우리가 과거에 경험한 것과 지금 경험하고 있는 것 사이의 패턴과 유사점을 찾는 데 능하다. 만일 무엇인가가 우리가 과거에 접한 것과 제법 비슷하게 보인다면 무의식은 두 가지를 동일하게 간주하고 그에 맞게 행동을 지시한다. 우리가 지난번과 똑같은 방식으로 반응할 수 있도록 하기 위해서다. 예를 들어, 부엌문이 제대로 닫히지 않는다는 것을 아는 상태에서 와인 두 잔을 들고 부엌을 나선다고 생각해보자. 그때 문이 딸각하고 닫히는 소리가 들리지 않는다면 우리는 자동적으로 발뒤꿈치로 문에 적당한 압력을 가해 문을 완벽하게 닫을 것이다. 정말 멋진 일이다. 이런 일에는 생각이 개입되지 않으며, 그것이 바로 오토파일럿의 매력이다.

무의식은 많은 노력을 아껴주는 대단히 효과적인 도구이며 우리가 인간으로서 기능하는 데 반드시 필요하다. 인생의 모든 면을 의식적으로 처리할 수는 없다. 그래야 한다면 너무나도 피곤할 것이다. 새로운 언어나 악기를 배우거나 처음으로 차를 운전했던 경험을 떠올려 보면 얼마나 힘들었는지 기억이 날 것이다. 습관이 들었거나 자주 연습해서 자연스럽게 느껴지는 단순한 일을 처리할 때는 무의식이 작용한다. 무의식은 우리가 나중에 더 어려운 일을 할 때 자원을 활용할 수 있도록 자원을 아끼는 능력이 뛰어나다. 무의식은 의식보다 생각하는 속도가 빠르며 더 '자동적'으로 생각한다. 그것이 바로 테니스를 잘 치거나 피아노 연주에 능한 사람들이 무의식의 존재를 고맙게 여겨야 하는 이유다. 그런 사람들은 오랜 연습의 결과로 이런 활동을 할 때 무의식이 뇌를 장악한다. 무의식은 느리게 움직이는 의식보다 훨씬 훌륭한 결과를 가져오며, 익숙한 상황에 처했을 때 대단히 뛰어난 능력을 선보인다. 무의식이 의식과 그런 점에서 차이가 있다는 사실을 인식하는 것이 중요하다.

문제는 무의식을 '끌' 수 있는 방법이 없다는 것이다. 우리가 정해진 루틴을 따르며 습관으로 가득한 삶을 살다 보니 일의 대부분은 그전에 해본 것이기 마련이다. 따라서 무의식이 기본적인 존재 모드가 되어버린다. 우리가 만일 테니스 선수라면 그것은 나쁜 일이 아닐지도 모른다. 하지만 다른 직업군의 사람들은 시간을 전부 테니스 코트에서 보내지 않는다. 인생은 그것보다 더 복잡하기 때문이다. 따라서 우리는 의식과 무의식의 균형을 더 잘 맞출 수 있도록 신경 써야 한다. 적당한 균형이 무엇인지, 그리고 의식이 지금보다 일을 얼마나 더 많이 할 수 있는지 계산하기는 불가능하다. 하지만 우리는 대체로 매일 조금 더 깨어 있고 무의식의 지배로부터 벗어날 수 있다면 우리가 살아가는 방식에 큰 변화가 있을 것이라는 점을 본능적으로 알고 있다.

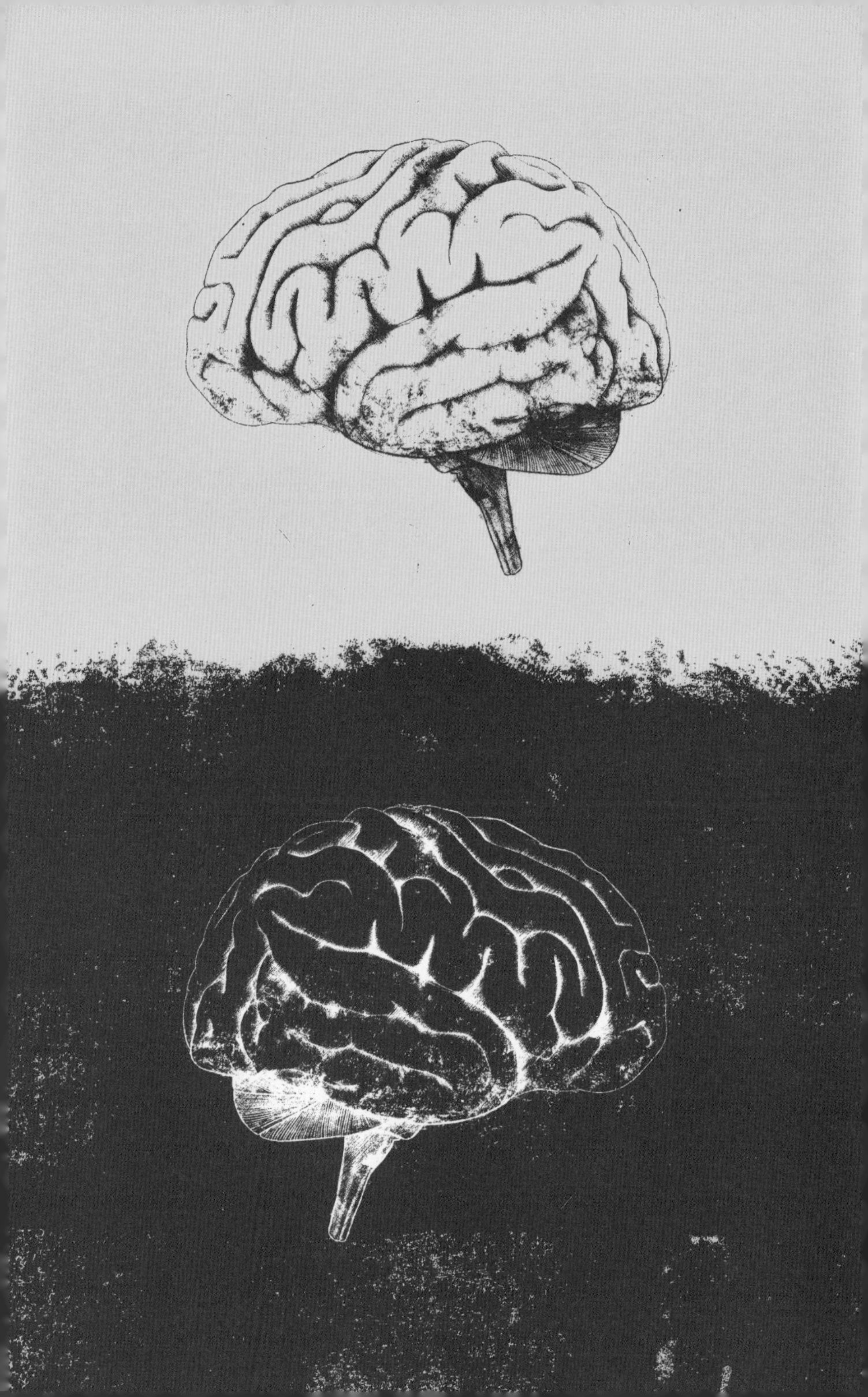

원시적인 뇌

인간의 뇌는 지난 5만 년 동안 크게 진화하지 못했다. 우리에게는 현대 생활의 위험보다는 짐승에게 잡아먹히는 것과 같은 선사시대의 위험으로부터 우리를 보호하기 위해 고안된 생존 본능이 여전히 남아 있다.

우리는 생존하기 위해서 잠재적인 위험을 즉시 찾아내고 즉각적으로 반응할 줄 아는 뇌 체계를 발달시켰다. 선사시대에는 이런 체계가 실제로 도움이 되었을 것이다. 우리가 작은 위협에도 빨리 반응할수록 살아남을 확률이 높았을 것이기 때문이다. 두려움은 자손번식을 위한 핵심 요소였던 만큼 시간이 흐르면서 인간의 DNA의 필수적인 부분으로 자리 잡았다.

그런 위험은 사라진 지 오래지만 대부분의 사람은 여전히 위험부담을 본능적으로 싫어한다. 그런 면이 우리의 일부가 되어버린 것이다.

무의식이 지배할 때면 우리는 그런 부정 편향negativity bias을 문제 삼지 않고 무의식의 지시에 그냥 따른다. 원시적인 뇌는 우리의 정체성, 그리고 과거에 효과가 있었던 것에 이의를 제기하는 새롭고 이질적인 것은 무엇이든 경계하도록 설정되어 있다. 원시적인 뇌는 모든 것이 그대로 유지되기를 바라는 것이다.

물론 원시적인 뇌는 우리가 계속해서 안전하게 지낼 수 있도록 도우려는 것뿐이다. 그런 면은 우리의 일부이기 때문에 절대로 사라지지 않는다. 하지만 우리는 원시적인 뇌의 이야기에 귀를 기울이고 아무 생각 없이 지시를 따르는 대신, 합리적으로 반응하는 방법을 배울 수 있다. 원시적인 뇌가 두려움을 느끼면 우리는 투쟁-도피 반응을 보이거나 꼼짝하지 않도록 몸속에서 아드레날린이 왕성하게 분비된다. 그럴 때, 하던 일을 잠시 멈추고 숨을 크게 들이마시면서 이 상황의 어떤 면이 위협적으로 느껴지는지 생각해보자. 우리의 원시적인 뇌는 우리에게서 필요 이상으로 커다란 반응을 유도하길 좋아하니 말이다.
아무 생각 없이 기계적으로 살 때 우리는 원시적인 뇌의 지배를 받는다. 하지만 정신적으로 깨어나면 지배에서 벗어나게 된다.
원시적인 뇌의 이야기에 귀를 기울이는 방법을 이해하고, 그 이야기의 가치를 알고 나서 다음의 행동을 의식적으로 선택하자. 그것이 자유를 찾고 보다 빛나는 삶을 살 수 있는 열쇠다.
이제 의식과 무의식에 관해서 좀 더 자세히 알아보자.

무의식

우리가 아무 생각 없이 기계적으로 살 때는 무의식이 뇌를 장악하고 있는 것이다. 이 말은 우리가 살아가는 세상에 대단히 본능적인 반응을 보이게 된다는 뜻이다.
우리는 어떤 감정을 느끼든 그것에 반응하기 마련이다. 그리고 그런 반응이 우리가 하루를 어떻게 보내게 될지를 결정한다. 무의식은 환상을 좋아하는 만큼 가능할 때라면 언제든지 우리가 백일몽을 꾸도록 유도할 것이다. 백일몽은 대체로 과거와 미래에 관한 것이며 지금 당장 벌어지고 있는 일에 집중하는 데 큰 방해가 된다. 무의식의 지배를 받을 때 우리는 모든 일을 즉석에서 결정하는데, 그것이 좋지 못한 결정인 경우가 대단히 많다. 우리는 피곤해지면 짬을 몇 분 내서 긴장을 풀고 에너지를 충전하는 대신 설탕이 잔뜩 들어간 탄산음료를 마신다. 오전에 힘든 일이 있었다면 점심에 아주 푸짐하게 먹고 싶을지도 모르지만 그러면 그날 하루는 계속해서 비효율적으로 보내게 될 것이다. 어쩌면 우리는 오늘 해야 할 일이 어렵고 쓸데없는 것처럼 보여서 기분 전환을 위해 SNS에 접속하는 것일지도 모른다. 의식적인 자각 없이 살면 좀 멍한 느낌이 든다. 그런 생활은 수동적이며 다른 것들과 단절되어 있다. 무의식이 뇌를 장악하면 우리는 마치 혼자 있는 것 같은 느낌을 받으며, 생존이 우리가 최우선적으로 신경 써야 할 일이라는 생각이 든다. 그럴 때는 우리가 누구인지, 그리고 무엇이 중요한지 인식하지 못한다. 통찰력보다는 본능에 따라 행동하게 되기 때문이다.

거울을 들여다볼 때 보이는 모습은 우리가 생각하는 우리의 모습일 뿐 그 이상도 그 이하도 아니다. 그것은 이름, 얼굴, 고정된 정체성을 나타내며 더 위대한 '인류'라는 개념과는 관련이 별로 없다. 아무 생각 없이 살아갈 때는 시간이 쏜살같이 지나간다. 이런 상태에서는 우리가 환상을 떠올리거나 어떤 생각이나 행동을 의식적인 자각 없이 하느라 바쁠 수도 있다. 아니면 디지털 기기, 소셜 미디어, 게임, 텔레비전, 조간신문에 빠져 있을 수도 있다. 나는 이것을 '그림자 나라'라고 부른다. 우리가 그곳에 가 있을 때는 무의식이 우리를 지배하며, 나는 그것이 항상 무섭다는 생각이 든다. 무섭다는 것은 위험에 대비할 준비가 되어 있다는 뜻이기 때문이다. '그림자 나라'에서는 사람들이 원시적으로, 또 거의 동물적인 방식으로 살아간다. 무의식은 효율적일지는 몰라도 우리를 빛나게 해주지는 못한다.

16

의식

무의식에 반대되는 의식이 뇌를 장악할 때 우리는 비로소 깨어나게 된다. 누구나 정신이 맑아지는 경험을 한 적이 있을 것이다. 그럴 때 우리는 인생이 얼마나 아름다운지 잠깐 엿볼 수 있다.

그런 순간은 날씨가 특별히 좋은 날 시골길을 걷거나 심금을 울리는 음악을 들을 때처럼 우연한 사건에 의해 촉발되는 경우가 많다. 아니면 아끼는 사람을 안아줄 때 정신적으로 깨어나게 될지도 모른다. 우리는 이상하게도 다른 사람의 죽음이나 재난을 접했을 때 살아 있음을 더 강하게 느낀다. 내가 이 글을 쓰기 바로 전날 데이비드 보위David Bowie가 세상을 떠났다. 그날은 특별히 슬픈 날이었지만 마법 같은 일이 일어나기도 했다. 나는 그 사건 때문에 오히려 정신이 번쩍 들었다. 보위처럼 우리도 이번 생에 자신이 원하는 사람으로 살아가고, 그런 사실을 매일 기쁘게 여길 수 있다는 생각이 들었다. 그리고 영원한 것은 없다는 점도 새삼 떠올리게 되었다. 이런 시각은 정신적으로 깨어 있는 데 큰 도움이 된다.

누구나 살면서 정신이 깨어나는 경험을 한다. 그런 경험은 삶에서 흔히 접하게 되는 부분이다. 정신이 기민해지면 주변 세상에 더 이상 단순하게 반응하지 않는다. 그 대신 의도적으로, 그리고 더 분명한 목적을 가지고 반응한다. 의식이 뇌를 장악할 때는 선택 사항이 더 많아지고 어떤 상황이든 긍정적인 시각으로 볼 수 있는 능력도 생긴다. 무의식이 지배할 때는 마음이 산만해지지만 의식의 지배하에 있을 때는 마음이 차분해지고, 정신적으로 그 순간에 존재하며, 집중할 수 있다는 느낌이 든다.

정신이 깨어나면 우리는 결코 혼자가 아니라는 사실을 알게 된다. 우리는 이 세상에 있는 모든 것, 모든 사람과 긴밀하게 연결되어 있다. 에너지의 측면에서 봤을 때 우리는 모두 하나이기 때문이다. 감각이 더 예민해지면 무엇이 중요하고 무엇이 중요하지 않은지 이해하는 데 도움이 된다. 그리고 우리가 정말 중요한 것에 집중하고 사소한 것에 집착하지 않는 데도 도움이 된다.

정신이 기민해지면 우리는 더 의식적으로 생활하고, 새로운 것을 만들어내고, 세상에 맞서 싸우려고 하는 대신 주위 사람들과 조화를 이루게 된다. 모든 것이 한결 수월해지는 것이다. 나의 경우에는 정신이 깨어 있는 상태가 나라는 존재에 필수적이라고 느꼈고, 뇌를 의식이 장악할 때와 무의식이 장악할 때의 차이가 크다는 것을 체감했다.

무의식의 지배에서 벗어나기

무의식이 지배하는 것은 마치 TV 앞에 수동적으로 앉아서 배가 고프지 않은데도 끊임없이 간식을 먹으며 TV에 무엇이 나오든 아무 생각 없이 쳐다보는 것이나 마찬가지다.

하지만 정신이 깨어나면 마치 직접 제작하고 수상도 한 TV 프로그램의 주인공이 된 것 같은 느낌이 든다. 그리고 살아 있는 한 매일 그런 느낌이 들 것이라는 생각도 하게 된다. 살면서 그렇게 정신이 맑고 모든 것과 연결되어 있는 느낌을 받았던 때를 떠올려 보자. 눈을 감고, 심호흡을 하고, 그 당시의 느낌을 기억해보면 된다. 그때의 경험이 그토록 즐거웠던 이유에 집중해보자.

그 순간에 마음이 어떠했는가?

그때 어떤 감정이 솟구쳤는가?

자신, 다른 사람들, 지구와 어느 정도 교감하고 있다고 느꼈는가?

그런 순간이 무의식의 지배를 받을 때와 어떤 면에서 다르게 느껴졌는가?

그 순간의 느낌을
그림으로 그리거나
글로 적어보자

그 순간의 느낌을
그림으로 그리거나
글로 적어보자

내가 아직까지도 괴로워하는 점은, 정신이 깨어 있는 이런 아름다운 상태에 여러 번 도달하더라도 그런 상태가 너무 빨리 끝나고 곧 무의식의 지배를 다시 받으며 다람쥐 쳇바퀴 도는 것 같은 생활을 하게 된다는 것이다. 아이러니하게도 그렇게 좌절할 때 무의식이 뇌를 더 쉽게 장악할 수 있다. 애를 너무 많이 쓰면 일을 너무 심각하게 받아들이게 될 우려가 있다. 깨어나기 위해서는 재미를 느껴야 하고 심신이 안정되어야 한다. 잔뜩 긴장한 상태로는 깨어나지 못한다.

무의식은 우리의 뇌를 대단히 효율적으로 장악하며 의식을 밀어낼 기회가 생기면 작은 것도 놓치지 않는다. 우리가 아무리 정신이 맑은 황홀한 상태를 경험했더라도 다시 바쁘게 지내고 예전에 해본 일을 재차 하게 된다면, 무의식은 우리의 에너지를 아끼기 위해 뇌를 다시 장악할 것이다. 우리의 뇌가 애초에 그렇게 설정되어 있기 때문이다. 하지만 의도적으로 스스로를 더 자주 깨어나게 한다면 삶의 질과 우리가 내리는 결정의 질이 높아지고 삶의 기쁨이 전반적으로 커지는 데 깊은 영향을 미칠 수 있다. 우리가 더 자주 깨어날수록 그 상태에 더 익숙해지고 무의식의 힘이 약해질 것이다. 그렇다고 해서 무의식의 지배로부터 완전히 벗어날 수는 없다. 우리가 생존하기 위해서는 무의식이 필요하기 때문이다. 하지만 무의식이 의식보다 지배력이 약해진 채로, 우리의 인생을 주도하는 대신 보조적인 역할에 그치게 할 수는 있다.

이 책의 활용 방법

본문으로 들어가기 전에 하루나 일주일 동안 우리가 깨어 있다는 느낌을 얼마나 자주 받는지 관찰해보는 것이 좋다.

이 책을 들고 다니면서 깨어 있다는 느낌이 들 때마다 앞 페이지의 여유 공간에 기록해보자. 어떤 계기로 깨어난 것 같은지 이유도 함께 적어보자. 나는 이런 방법을 처음 시도했을 때 정말이지 깜짝 놀랐다. 일을 하면서 깨어 있다고 느껴지는 경우가 너무나도 적었기 때문이다. 나는 최근에 한 무리의 사람들에게 일주일 동안 이런 방법을 시도해달라고 부탁했다. 그랬더니 단 한 사람도 빠짐없이 자신의 삶이 무의식에 의해 얼마나 많이 주도되고 있는지 깜짝 놀라는 모습이었다. 그중 두 명은 이 테스트를 실시하는 동안 마치 최면에 걸린 것 같은 습관적인 상태에서 단 한 번도 빠져나오지 못했다고 솔직하게 인정하기도 했다. 그들은 살면서 얼마나 많은 시간이 이런 식으로 흘러갔는지 궁금해했다.

안타깝게도 무의식은 기존의 습관을 이용하는 데서 그치지 않고 새로운 습관을 만들어내기도 한다. 우리의 원시적인 뇌는 친숙한 것을 좋아한다. 그리고 모든 것이 지금보다 단순했던 5만 년 전에 우리가 경험하고 이겨낸 것이 나쁜 선택일 리가 없다고 생각한다. 그러다 보니 우리는 자연스럽게 예전에 선택했던 것을 다시 선택하게 된다. 결국 인생의 상당 부분이 습관적으로 흘러가고, 무의식은 커다랗고 무겁지만 편안한 이불처럼 우리를 짓누르고 만다.

나는 명상, 마음 챙김, 요가뿐만 아니라 잘 알려지지 않은 여러 철학과 원리의 팬이다. 그런데 직접 경험해보니 그런 활동은 외부 세계보다는 내면세계에 초점을 더 많이 맞춘 것 같다는 생각이 든다. 내가 에너지를 관리하고, 집중력을 잃지 않고, 마음이 차분해지도록 도와주기는 하지만 이 행성, 인류, 보편적 의식이라는 커다란 존재와 교감할 수 있도록 돕지는 못하는 것이다. 나는 개인적으로 깨어나기 위해서 해야 할 일과 하지 말아야 할 일이 있다는 것을 깨달았다. 깨어나기의 음과 양이 있는 것이다.

이 책은 마음을 평온하게 해주는 여러 가지 방법에 웃음, 액션, 실험적인 재미를 더했다. 나는 우리가 의도적으로 깨어날 수 있는 유일한 방법은 인생에 기존과는 다른 새로운 경험을 불러오는 것이라고 생각한다. 그래야만 그런 경험을 하면서 보다 의식적인 태도를 유도할 수 있다. 우리는 모두 고유하며, 각자의 요구 사항, 생각, 욕망, 정체성이 다르다. 따라서 여러 가지 경험이 우리에게 다른 방식으로 영향을 미칠 것이고, 한 사람에게 효과가 있는 것이 다른 사람에게는 효과가 없을지도 모른다. 한마디로 『웨이크업!』은 독자들이 시험해보고, 다양하게 활용해보고, 그중에서 어떤 것이 자신에게 어울리는지 알아보는 일련의 실험을 담고 있는 것이다.

책에 실린 활동의 상당수는 이미 많은 사람이 시험해본 것이다. 그래서 나는 그런 활동이 긍정적인 영향을 미칠 수 있는 실질적인 잠재력을 가지고 있다는 사실을 알고 있다. 그 밖의 다른 활동들은 여기에서 처음 선보이는 것이기 때문에 독자들에게는 보다 큰 실험에 참여할 수 있는 기회가 열려 있는 셈이다. 그러니까 여러 가지 활동을 해보고 피드백을 보내주기 바란다!

무엇보다도 중요한 것은 지금 손에 들고 있는 책이 부담이 아니라 기회라는 사실을 기억하는 것이다. 나는 안 그래도 바쁜 독자들의 시간을 빼앗아 가면서 새로운 일거리를 주려는 것이 아니다. 이 책은 적당한 때에 시도해볼 만한 여러 가지 아이디어를 담았을 뿐이다. 설령 몇 가지 활동을 건너뛰게 되더라도 죄책감을 느낄 필요는 없다. 자신과 맞지 않는 활동이 있는 것은 지극히 당연하다. 이 모든 활동이 독자 한 사람에게 모두 맞을 수는 없다. 활동을 하는 옳은 방식이나 그른 방식이 있는 것도 아니고, 순서가 있는 것도 아니다. 그냥 이것저것 하다 보면 원하는 것을 찾아낼 수 있을 것이라고 믿으면 된다.

한 가지 활동을 연속으로 며칠씩 반복해서 더 큰 효과를 보는 사람들도 있다. 그 활동을 월요일부터 목요일까지 하고 나서 금요일에는 평가를 내리고 무엇을 배웠는지 살펴보는 식이다. 이 책에는 독자들이 간파한 것, 배운 것, 발췌한 내용을 적을 수 있도록 여기저기 공간이 마련되어 있다. 반대로 한 가지 활동을 한 번만 하더라도 활동의 핵심을 파악할 수 있는 독자들도 있을 것이다. 그런 방법도 괜찮다. 이 책을 처음부터 끝까지 차근차근 읽으면서 중간에 있는 활동을 전부 해도 좋고, 필요할 때 몇 가지 활동을 선별해서 해도 좋다.

내가 유일하게 하고 싶은 조언은 책을 읽기만 하지 말라는 것이다. 의식의 변화를 유도하기 위해서는 이런 활동을 직접 경험해야 한다. 『웨이크업!』은 생각을 줄이고 활동을 늘리는 것에 관한 책이다. 친한 친구인 제러미는 나에게 이런 말을 해준 적이 있다. "크리스, 세상에는 무엇인가를 하는 사람이 있고, 아무것도 하지 않는 사람이 있어." 독자들은 무엇인가를 하는 사람이 되길 바란다. 그러면 인생이 영원히 풍성해질 것이다. 우리는 지력을 동원하는 방법으로는 깨어나지 못한다. 반드시 재미있는 일을 할 때만 유도해낼 수 있는 전인적이고 활동적인 경험이 있어야 한다. 그렇다고 해서 활동을 너무 진지하게 생각하지는 말자. 활동은 재미가 있어야 한다. 나는 똑똑한 과학자들이 내놓은 연구 결과나 통계자료는 일부러 조금밖에 싣지 않았다. 이 책은 그런 것에 관한 책이 아니기 때문이다. 이 책에는 의식에 관한 실질적인 과학 이야기는 나오지 않으며, 나의 의견이 담겨 있을 뿐이다. 내가 가장 최근에 낸 책에서 한 문장을 발췌하자면 "중요한 것은 셀 수 없는 경우가 많고, 셀 수 있는 것은 중요하지 않은 경우가 많다". 이 책도 그런 관점에서 쓴 것이다.

만일 자극이 더 필요하다면 책에 실린 활동을 친구와 함께 해보면 된다. 친구가 활동을 통해 배우게 된 것이 우리에게도 도움이 될 수 있을 것이다. 사실 이런 활동을 하고 나서 즉각적인 효과를 느끼는 경우는 드물다. 대부분의 경우에는 인식에 작은 변화가 생기기 시작하는데, 그것은 사람들이 생각하는 것보다 훨씬 영향력이 크다. 만일 활동을 하면서 자신의 본모습과 교감할 수 있다면 놀라운 결과를 얻게 될 것이다.

〈아라비아의 로렌스Lawrence of Arabia〉는 T. E. 로렌스라는 남자의 삶에 바탕을 둔 영화다. 그는 자신이 이 세상에 어울리지 않는다고 생각해 자신의 본모습을 찾기 위해 모험을 떠난다. 그런데 사막에서 예상치 못하게 아라비아의 사막 부족과 유대감을 느끼게 된다. 그가 힘든 전투를 앞둔 상황에서 등장하는 유명한 대사 중 하나가 "큰일은 작은 일에서 시작된다"라는 말이다. 물론 독자들이 베두인족으로 구성된 군대를 이끌고 터키 사람들과 전투를 벌일 계획은 없을 것이다. 하지만 우리 모두 각자의 방식으로 인생에 잠재적으로 큰 영향을 미칠 작은 변화를 만들 수 있다. 스스로 그렇게 하도록 허용하기만 한다면 말이다.

만일 책에 실린 활동이 자신에게 잘 맞지 않는다면 활동을 이리저리 비틀고 재구성해서 시도해도 좋다. 활동의 핵심 원칙은 다양한 방법으로 나타날 수 있는 만큼 활동을 자신에게 맞춰보자. 이 책에 실린 여러 가지 활동은 우리가 깨어나서 중요한 것에 집중할 수 있도록 돕거나(이런 활동에는 '머리' 모양의 아이콘이 달려 있다) 우리 주변에 있는 한 가지 또는 여러 가지 자원을 활용할 수 있도록 도울 것이다(이런 활동에는 '전구' 모양의 아이콘이 달려 있다). 아니면 우리의 몸과 마음 또는 심신 모두에 힘을 불어넣는 데도 도움이 될 수 있다(이런 활동에는 '번개' 모양의 아이콘이 달려 있다). 각각의 활동에 대한 소개는 세 부분으로 나누었다. 실험의 목적 '생각해보기', 실험 '계획', 그리고 실험을 통해 얻게 되는 '효과', 이렇게 세 가지다.

독자들이 재미 속으로 뛰어들기 전에 마지막으로 일러두고 싶은 것은, 이런 활동에 접근하는 방식에 따라 효과에 차이가 있을 것이라는 점이다. 활동을 대충 하면 효과도 별로일 것이고, 정신없이 서두르면 효과도 오래가지 않을 것이다. 하지만 열린 마음과 긍정적인 태도로 접근한다면 큰 혜택을 누릴 수 있을 것이다. 활동을 시작하기 전에 항상 똑바로 앉아서든 서서든 심호흡을 세 번 하고 활짝 웃어보자. 이제 모험이 시작될 것이라는 사실을 떠올리면 준비는 끝난다.

정리

- 무의식의 지배로부터 벗어나서 정신적으로 깨어나는 일이 얼마나 자주 있는지 시간을 들여서 관찰해보자. 어떤 일이 계기로 작용했는가?
- 이런 여러 가지 활동을 인생을 약간 빛나게 해줄 재미있는 실험이라고 생각하자. 새로운 일거리가 아니라 우리의 웃음을 유발하는 활동일 뿐이다.
- 활동을 시작하기 전에 숨을 깊이 들이마시고 활짝 웃으면 효과가 훨씬 더 좋을 것이다.
- 활동이 효과가 좋도록 자신에게 어울리는 방식으로 바꿔도 된다. 하지만 활동에 열성적으로 임해야만 실질적인 이득을 얻을 수 있을 것이다.

우리가 여기서
어디로 갈지는 모르겠지만,
따분한 여정은 아닐 거라고
약속합니다.

– 데이비드 보위

실험

숨쉬기

우리는 숨을 하루에 2만 번 정도 쉰다. 인간의 평균 호흡 속도는 태어났을 때는 분당 30~60회지만 성인이 되면서 분당 12~20회로 느려진다. 갓난아기는 배로 숨을 쉬는데, 몸이 편안해지도록 숨을 깊이 들이마신다. 어린아이가 자는 모습을 본 적이 있다면 배가 오르락내리락하는 것을 봤을 것이다.

그런데 나이가 들면서 숨 쉬는 방식이 달라진다. 특히 스트레스를 받거나 깜짝 놀라면 몸이 본능적으로 투쟁fight, 도피flight 반응을 보이거나 얼어붙어freeze 버린다. 그리고 위험에 대비하기 위해서 숨을 빠르고 얕게 쉰다. 그래서 스트레스를 오래 받으면 계속해서 폐의 위쪽 3분의 1만 사용하면서 숨을 얕게 쉬게 된다. 하지만 폐활량의 3분의 2를 책임지는 것은 폐의 아래쪽 3분의 1이다. 따라서 얕은 가슴호흡을 하면 최적의 신체 기능 유지에 필요한 산소를 충분히 공급받지 못한다. 그 결과 인지능력이 떨어지고, 집중력이 저하되며, 다른 사람들과 교감하기도 힘들어진다. 삶의 재미도 덜 느끼는 경우가 많다.

하지만 심호흡을 하면 에너지가 더 생기고 스트레스도 덜 받는다. 자세와 소화 능력도 좋아질 수 있다. 숨을 올바르게 쉬면 독소 배출과 면역력 강화에 도움이 되기도 한다.

숨을 제대로 쉬는 것은 뇌가 우리의 의식적인 자각 없이 자동적으로 돌아가는 것을 막는 가장 빠른 방법이다. 숨을 올바르게 쉴 때 뇌의 가동 속도가 느려지고 더 명확한 사고가 가능해지기 때문이다.

숨 쉬는 법 배우기

생각해보기

숨을 제대로 쉴 줄 아는 사람은 별로 없다. 올바른 호흡법을 배우는 데 6개월이나 걸린 것을 보면 나도 마찬가지다.

숨을 잘못 쉬면 몸에 산소가 부족해져서 명확하게 생각하기도 어렵고 무의식과 의식의 균형을 찾기도 어렵다. 뇌가 너무 빠른 속도로 작동하고 무의식과 의식의 균형이 깨지면 자연스럽게 뇌가 자동으로 돌아가고 만다. 하지만 뇌의 가동 속도를 늦추고 무의식과 의식이 조화를 이루게 한다면 세상과 소통하는 능력이 극적으로 향상될 것이다. 나를 찾아오는 고객의 대부분은 심호흡을 충분히 하지 못한다. 그래서 세상에 의식적으로 반응하지 못하고 본능적으로 반응해버린다.
숨을 제대로 쉬지 못하면 자신의 내면이나 세상과 소통하지 못하고 그 안에 있는 매혹적이고 환상적인 에너지를 분명하게 느끼지도 못한다.

계획

이제 숨쉬기 훈련을 할 것이다. 의식이 또렷하지 않거나 아무 생각 없이 살고 있다고 느낄 때 숨만 제대로 쉬어도 정신을 빨리, 그리고 효과적으로 차릴 수 있다.

숨을 잘 쉬는 방법을 하루에 3분씩 다섯 번 연습하자. 아침에 일어나서, 오전이 반쯤 지났을 때, 점심을 먹자마자, 오후 4시 정도 되었을 때, 저녁에 가족과 시간을 보내기 전에 연습하면 된다.

연습은 이런 식으로 해보면 좋다.

- 편하게 느껴지는 조용한 공간을 찾아서 가부좌를 한 뒤 등을 펴고 미소를 짓는다.
- 5초 동안 코로 숨을 들이마시고, 6초 동안 그대로 있는다.
- 7초 동안 입으로 숨을 내쉰다.
- 두 번 더 반복하거나 의식이 또렷하고 세상과 소통하고 있다고 느껴질 때까지 계속한다. (어지럼증이 느껴지면 즉시 멈춰야 한다.)

5-6-7만 기억하면 된다. 숨을 5초 동안 들이마시고, 6초 동안 그대로 있고, 7초 동안 내쉬는 것이다.

효과

우리가 또렷한 정신으로 세상과 소통하는 데 영향을 가장 많이 미치는 활동 중에서 언제 어디서나 할 수 있는 것이 바로 숨쉬기다.

심호흡을 몇 번 하고 나서 이 책에 나오는 여러 가지 활동을 해보면 효과가 더 좋을 것이다. 숨을 제대로 쉬지 못하면 세상과 단절되어 뇌가 의식적인 자각 없이 돌아간다. 하지만 숨을 제대로 쉬면 더 명료한 시각으로 세상을 보게 되고, 선택의 폭이 넓어지고, 더 나은 삶을 살 기회가 생길 것이다.

올바른 호흡법을 생활화하면 정신이 깨어날 수밖에 없다.

텔레비전 멀리하기

생각해보기

피곤하고 위로가 필요할 때는 텔레비전 앞에 바짝 붙어 있고 싶은 유혹을 떨쳐내기가 어렵다.

가만히 앉아서 리모컨 버튼만 몇 개 누르면 세상에서 가장 재미있는 오락거리가 우리의 인생 속으로 들어온다. TV를 시청하는 데는 노력이 필요하지 않기 때문에 우리는 그동안 힘들게 일한 의식의 작동을 완전히 중지시킬 수 있다. 그러면 무의식은 우리 앞에 펼쳐지는 형형색색의 픽셀의 세계를 마음껏 즐기게 된다.

TV를 조금 보는 것은 문제가 되지 않지만 많이 보는 것은 인생을 낭비하는 꼴이다. 영국인의 하루 평균 TV 시청 시간은 4시간 미만이며, 미국인의 경우 5시간 미만이다. 대부분의 사람이 가족과 함께 보낼 수 있는 시간은 일을 마치고 저녁에 집에 돌아왔을 때뿐이다. 그런데도 우리는 텔레비전이 유도하는 혼수상태에 빠져 우리가 아끼는 사람들과의 소중한 순간을 너무 많이 허비하고 만다.

TV는 우리의 세계관과 소비 패턴에 영향을 미치고 우리의 불만을 가중시킨다는 단점도 있다. TV를 많이 보면 배우자와 친밀한 관계를 다질 시간도 마련하기 어렵다. 그렇게 사악한 것이 바로 TV다.

계획

이번 주 과제는 TV를 전혀 보지 않는 것이다.

TV를 보지 않으면 진정한 보람이 느껴지는 다른 일을 얼마나 많이 할 수 있는지 알게 될 것이다. 하루 일과를 마치고 집에 돌아와서 TV 앞에 식물인간처럼 앉아 있는 대신 평소에 하지 않았던 일을 한 가지 해보자.

책을 읽거나 산책을 하거나 친구에게 전화를 하는 방법이 있다. 아니면 악기를 배우거나 새로운 요리를 해보는 것도 좋다. 또한 가족과 어울려서 인생에 관한 진지한 대화를 나누거나 명상을 하거나 식물을 키우거나 다용도실을 정리하는 방법도 있을 것이다. 어떤 활동을 하든 그것이 기계적인 선택이 아니라 의식적인 선택이면 된다.

어느 날 내 친구 벤 에드먼즈는 TV를 보는 대신 새로운 기술을 몇 가지 습득하기로 결심했다. 그중 하나가 손으로 직접 칼을 만드는 것이었고, 그 기술을 발전시킨 끝에 그는 결국 '블록 나이브즈Blok Knives'를 운영하게 되었다. 벤은 이제 세상에서 가장 훌륭한 셰프용 칼을 만들며, 고객들은 3년 반을 기다려야 제품을 받을 수 있다. 우리도 TV를 그렇게 많이 보지 않는다면 얼마나 멋진 일을 해낼 수 있을까?

효과

TV를 보지 않는 생활의 첫 번째 장점은 시간을 많이 돌려받을 수 있다는 것이다. 그저 하루하루를 살아가는 것이 아니라 삶을 풍성하게 만들 수 있는 시간이 생기는 것이다. 영국인의 평균 수준으로 TV를 시청하는 사람이 TV를 일주일 동안 보지 않는다면 자유 시간이 하루나 더 생기는 셈이다. 그러면 매주 주말이 3일로 늘어나는 것이나 마찬가지다!

두 번째 장점은 TV가 유도하는 수동적인 상태를 의도적으로 피함으로써 보다 의식적으로 살아가게 되고, 결과적으로 정신이 기민한 시간이 더 늘어난다는 것이다. 그러면 올바른 결정을 내리기가 더 쉬워지고, 자신의 내면뿐만 아니라 아끼는 사람들과 소통하기도 더 쉬워진다.

다른 사람의 인생만 쳐다보지 말고 멋진 삶을 직접 살아보자.

이번 주에 나는
TV를 보는 대신
이런 활동을 해볼 거야

나쁜 버릇 고치기

생각해보기

아무 생각 없이 기계적으로 살면 지각 능력이 떨어지기 마련이다. 일의 우선순위가 무엇인지, 우리가 세상에 어떤 영향을 미치는지, 우리가 스스로를 잘 돌보고 있는지 분명하게 자각하기가 어려워지는 것이다.

나는 사람들이 하루하루 직면하는 도전을 이겨내기 위해서 아무거나 먹고 마신다는 사실에 늘 경악을 금치 못한다. 어느 대도시를 살펴보든 사람들이 상당량의 카페인, 정제 설탕, 술에 크게 의지하고 그것에 자극받는 모습을 볼 수 있다.
마약이나 다름없는 이런 성분에 의지하면 의식이 완전히 깨어 있고 지각 능력이 온전한 상태로 살아가기가 굉장히 어려워진다. 우리의 정신이 아니라 이런 나쁜 성분이 우리를 통제하게 되기 때문이다. 카페인, 정제 설탕, 술은 모두 작용하는 방식은 다르지만 우리를 불안정하게 만드는 데는 놀랍도록 효과적이라는 공통점이 있다. 흥미롭게도 우리는 술의 강한 영향력에 관해서는 잘 알고 있지만 식품업계의 코카인이나 마찬가지인 정제 설탕의 악영향에 관해서는 상대적으로 무지한 경우가 많다. 최근에 프랑스에서 실시한 어느 연구에 따르면 실험실의 쥐들이 코카인에 중독되어 있었는데도 코카인 대신 설탕을 선택했을 정도로 설탕의 중독성이 강하다고 한다.

계획

그렇다고 해서 이런 자극적인 성분을 영원히 금지하자는 말은 아니다. 하지만 우리가 매일 몸에 얼마나 많은 독을 들이붓는지 알게 된다면 깜짝 놀랄 것이다. 그러니까 이번 주에 몸을 망가뜨리는 나쁜 버릇을 고쳐보자.

앞으로 4일 동안 카페인, 정제 설탕, 술을 멀리하자.

계획은 아주 간단하다. 라테, 달콤한 도넛, 사탕, 비스킷, 탄산음료, 대량생산되는 간식에 손을 대지 않는 것이다. 퇴근하고 나서 몰래 마시는 술도 안 되고, 저녁 식사에 곁들이는 와인 한 잔도 안 된다. 그래도 카페인과 술은 상대적으로 신경 쓰기가 쉽다. 하지만 정제 설탕은 식품에 붙어 있는 라벨을 꽤 유심히 살펴봐야만 함유량을 알 수 있는데, 거의 모든 식품에 설탕이 믿을 수 없을 만큼 많이 들어 있다고 보면 된다.

이런 나쁜 성분, 특히 설탕은 중독성이 워낙 강하다 보니 먹지 않으면 머리가 약간 아프고 조금 불안한 느낌이 들지도 모른다. 그럴 때는 물을 많이 마시고 식사를 조금씩 자주 하면 도움이 된다. 견디기 어려운 시기는 금방 지나가니까 이를 악물고 버텨내자. 효과는 엄청날 것이다.

효과

식단에서 이런 나쁜 성분을 제거하는 것에 대해서 생각하는 것만으로도 도움이 된다. 우리가 나쁜 식습관에 얼마나 많이 의지하고 있는지 더 분명하게 인식할 수 있기 때문이다.
많은 사람이 간단한 디톡스 프로그램만으로도 큰 효과를 보는데 나 역시 마찬가지다. 나는 식습관을 고치기로 마음먹은 첫 이틀 동안 아침에 아메리카노 한 잔을 마시지 못하는 것이 그렇게나 고통스러운 일일 줄 몰랐다. 하지만 시간이 더 지나자 카페인의 마법이 풀렸고, 이제는 카페인 중독에 시달리는 대신 내가 아메리카노를 원하는지 원하지 않는지 스스로 결정할 수 있게 되었다. 우리가 먹고 마시는 것을 의식적으로 선택할 때 정신이 기민해지기 시작한다. 또한 몸에 좋지 않은 식품이나 음료의 유혹을 거절할 때마다 자제한 만큼의 이득을 누릴 수 있다.

인생과 우주를 비롯한 모든 것을
폭넓게 바라보는 시각은
우리가 명확한 사고를
할 수 있도록 도우며
우리가 거대한 우주라는 경기장 안의
작은 무대에 오른 선수들이라는
사실을 일깨워 준다.

우주여행
하기

생각해보기

우주비행사들은 우주에 나가서 지구를 볼 때 심오하고 영적인 변화를 경험하곤 한다. 그들은 정체성의 상당 부분이 지구에서 자신이 어떤 사람인지, 인생을 어떻게 사는지, 자신에게 무엇이 중요한지에 바탕을 두고 있다는 것을 깨닫는다. 하지만 지구에서 떨어진 채 1시간 반마다 한 번씩 '파란색 점' 주위를 돌다 보면 굳어져 있던 생각이 자극을 받아 자유로운 생각을 하게 된다는 사실을 발견한다.

우주비행사 크리스 해드필드Chris Hadfield는 최근에 〈스페이스 오디티Space Oddity〉라는 영상을 공개하여 많은 관심을 받았다. 그 영상을 시청한 사람이 수백만 명이나 될 정도다. 그는 우주에 있으면 인간이라는 존재의 공통성을 깨닫게 된다고 말한다. 해드필드는 자신의 영상이 그토록 인기를 끄는 이유를 이렇게 설명했다. "이 영상이 사람들에게 내가 완벽하게 이해하고 있는 것을 보여주기 때문이다. 그것은 바로 우주가 인간의 의식, 인간의 이해, 인간이 스스로를 바라보는 시각의 연장선상에 있다는 것이다. 우리는 그것을 이해하고 그것이 한층 더 깊어진 자기 인식의 일부가 되도록 해야 한다. 이 영상이 그런 목적을 향해 나아가는 작은 발걸음이었다고 생각한다."

계획

우리는 오늘 우리를 둘러싸고 있는 깊고 어두운 우주로 나갈 것이다. 우선 하늘을 올려다볼 수 있는 곳으로 나와 편한 자리를 찾아서 앉아라. (이 부분을 읽고 나서 직접 시도해보면 좋을 것이다.)

심호흡을 하고 미소를 지어라. 등을 바르게 펴고 앉아서 눈을 감아라. 그리고 우주로 향하는 로켓을 탔다고 상상하면 된다.

로켓이 불을 내뿜고 소음과 진동이 점점 강해진다고 상상해보자. 몸이 들리면서 로켓이 우주로 날아오르는 동안 땅이 점점 멀어지는 것이 보일 것이다.

이제부터는 여정을 즐기면 된다.

달이 가까워졌다고 느끼면 달에 조심스럽게 착륙해라. 그리고 지구를 바라보고 멋진 풍경을 즐겨라.

지구는 우리의 고향이자 인류가 여러 가지 놀라운 성과를 달성한 곳이다. 지구가 얼마나 아름답고 우주에서 얼마나 조용해 보이는지 음미해라. 그 정도의 고요함은 사람을 도취시키는 힘이 있다.

모든 것을 받아들이고, 이런 폭넓은 시각 덕택에 우리에게 변화가 일어나는지 살펴보자. 서두를 필요는 없다. 달 위에서 시간을 보내는 소중한 경험은 매일 누릴 수 있는 것이 아니다.

집으로 돌아갈 준비가 되었다고 느끼면 대기권으로 재진입하는 과정을 즐기자. 여러 대륙이 가장 먼저 보이고, 그다음에는 개별적인 나라, 바다, 산맥이 보일 것이다. 그러다가 결국에는 들판, 도시, 숲, 길까지 더 세세하게 보일 것이다.

땅이 가까워지면 편안하게 착륙하면 된다.

효과

은하계에서 가장 위대한 작가인 더글러스 애덤스Douglas Adams는 내가 전달하려는 메시지를 한마디로 잘 표현했다. "우리가 깊은 중력 우물gravity well(거대한 물체 주위의 중력장—옮긴이)의 바닥에서, 그리고 1억 5천만km 떨어진 불덩이 주위를 도는 가스로 뒤덮인 행성의 표면에 살고 있는데도 그것을 정상으로 여긴다는 사실 자체가 우리의 시각이 얼마나 왜곡되어 있는지를 잘 나타낸다." 인생과 우주를 비롯한 모든 것을 이렇게 폭넓게 바라보는 시각은 우리가 명확한 사고를 할 수 있도록 돕는다. 그리고 우리가 거대한 우주라는 경기장 안에 있는 작은 무대에 오른 선수들이라는 사실을 일깨워 준다. 시각이 넓어지면 단순히 우리의 시선을 잡아끄는 것이 아니라 정말로 중요한 것과의 연결 고리를 다시 형성할 수 있다.

감각 깨우기

우리는 여러 가지 일을 하느라 템포가 빠른 인생을 살아간다. 현대인은 일상생활을 다양한 활동으로 채우고 한 가지 일에서 다른 일로 바삐 넘어가는 데 능숙하다. 하지만 정신없이 바쁘게 살고 일을 완수하는 데만 초점을 맞추다 보면 우리의 본모습과 우리가 살고 있는 세상을 제대로 이해하기가 무척 어려워진다.

이 책은 우리가 그런 바쁜 생활로부터 한발 물러나 우리의 본모습과 우리가 살고 있는 세상과 다시 소통하도록 돕는 데 대부분의 공간을 할애한다. 그래야만 오늘이 왜 멋진 날이 될 수 있는지 더 분명하게 알아차릴 수 있기 때문이다.
수년 동안 세상에 둔감해진 만큼 정신이 깨어 있는 채로 일상생활을 하기 위해서는 심신을 재조정해야 한다. 감각을 깨울 수 있는 가장 빠르고 간단한 방법은 삶의 템포를 늦추는 것이다. 등을 꼿꼿하게 펴고 앉거나 바른 자세로 서서 공기가 배 속까지 들어오도록 심호흡을 해보자. 숨을 몇 초 동안 참았다가 천천히 내뱉어라. 숨을 내쉴 때 모든 스트레스와 인생의 복잡함도 함께 내보내야 한다. (p.34 참조)

우리는 이런 때 감각이 깨어났다는 것을 알 수 있다.

- 자신이 누구인지, 그리고 어디에 있는지 이해하고 그 순간에 온전히 존재할 때
- 시간이 약간 느리게 흘러간다고 느낄 때
- 정신이 또렷하고 집중이 잘될 때

- 기분이 좋고 긍정적인 감정이 들 때
- 모든 일이 잘 돌아가고 있다고 느낄 때

감각이 한번 되살아나면 그다음에는 더 쉽게 깨울 수 있다는 사실을 알게 될 것이다. 처음에는 감각을 깨우기 위해서 여러 가지 조치를 의식적으로 취해야 할지도 모른다. 하지만 시간이 흐를수록 그런 일이 제법 자연스럽게 이루어질 것이다. 감각을 깨우기 위한 일련의 활동이 신경 연결 통로와 에너지가 흐르는 통로에 뿌리를 내릴 것이기 때문이다. 감각을 깨우는 연습을 더 많이 하면 정신이 더 기민해지고, 사고가 더 명확해지며, 그런 상태가 더 오래간다는 사실도 깨닫게 될 것이다.

처음에는 정신적으로 깨어 있는 환상적인 느낌이 몇 초밖에 지속되지 않을지도 모른다. 하지만 곧 그런 느낌이 몇 분 또는 운이 좋으면 몇 시간씩 지속될 것이다. 독자들 중에는 그런 느낌을 며칠, 몇 주, 몇 달, 심지어 몇 년씩 유지할 수 있는 사람이 있을지도 모른다. 나는 지금까지 한 번도 몇 시간을 넘겨본 적이 없다. 하지만 많은 사람이 자신의 내면과 주위 세상과 그렇게 깊은 유대감을 느끼면 그것을 절대로 잃어버리지 않는다고 주장한다. 그러니까 그 말이 우리 모두에게 해당되길 바라자.

외부에 있는 에너지로 손을 뻗기 전에 감각부터 깨우면 내면의 에너지를 준비시키는 데 도움이 된다.

눈에 띄는 것에 주목하기

생각해보기

수년 전에 런던에서 어느 창의적인 프로젝트에 합류한 적이 있었다. 어느 날 아이디어 회의를 하다가 새로운 시각이 필요하다는 생각이 들어 우리는 런던 브리지를 건너면서 아이의 눈으로 주위를 둘러보기로 했다. 그것은 정말 매력적인 경험이었다. 다리를 건너는 데 1시간 반이 넘게 걸렸고, 주위에 보이는 수많은 것으로부터 자극을 받아 아이디어를 30개도 넘게 얻을 수 있었다.

그 프로젝트는 고객의 경영 기술을 향상시켜서 직원들이 번아웃증후군burnout syndrome(과로로 인해 극심한 신체적 · 정신적 피로에 시달리는 증상—옮긴이)을 겪지 않기 위해 고안되었다. 우리는 템스강이 시간에 따라 다르게 흘러가는 모습을 보면서 우리가 강의 어떤 구간을 보는지에 따라 강물이 각각 다른 속도로 움직인다는 사실을 알아차렸다. 그런데 생각해보니 우리가 맡은 고객은 한 가지 속도로만 일을 했다. 그냥 최고 속도로만 일하는 것이다. 우리가 강물을 보면서 얻은 아이디어는 각각의 프로젝트에 적합한 속도를 정하는 것이었다. 빠른 속도, 보통 속도, 느린 속도 중 한 가지를 선택하면 된다. 속도가 정해지고 나면 그 속도에 맞춰서 계획과 일정을 결정하고, 각각의 팀원 역시 체력 관리를 더 잘하고 생각할 시간이 더 많아지도록 속도가 서로 다른 프로젝트를 맡기는 것이다.
나는 평소에는 런던 브리지를 걸어서 건너는 데 몇 분밖에 걸리지 않는다. 주위에 무엇이 있는지 전혀 보지 못하고 다리를 건너기에만 급급한 것이다. 하지만 우리가 살고 있는 세상에 눈을 뜨기 위해서는 더 많은 것을 볼 줄 알아야 한다. 그래서 이제부터 감각을 깨우는 연습을 함께 해보려고 한다.

계획

앞으로 4일 동안 어디를 가든 수첩과 펜을 들고 다니자.

그러다가 무엇인가가 흥미로워 보일 때 수첩에 적으면 된다.

그것이 사람, 대화, 건물, 신문 기사여도 좋고, 지나가는 버스의 승객이어도 좋다. 흥미롭게 느낀 대상이라면 무엇이든 상관없다. 흥미로운 것을 그저 발견하기만 하면 된다.
나의 경우에는 마음속에서 감정적인 반응을 일으키는 대상에 눈이 가는 편이다. 이때 느끼는 감정이 주목할 만한 것이면 왜 그런 감정이 들었는지 조사해볼 가치가 있다. 배울 점이 있을지도 모르기 때문이다. 사람마다 눈에 띄는 것이 다른 만큼 누군가는 시각적인 자극보다 청각적인 자극에 훨씬 민감할지도 모른다. 그럴 경우 살면서 들리는 여러 가지 소리에 귀를 기울이고, 어떤 소리와 리듬에 관심이 가는지 주목하면 된다. 어쩌면 현재의 삶이 너무 심각한 나머지 더 장난스럽고 재미있는 소리에 끌릴지도 모른다. 부담 없이 그냥 눈에 띄는 것에 주목해보자.

효과

관심이 가는 것들을 수첩에 적으면 우리가 살아가는 세상에 더 민감해지고, 그 덕택에 세상과 더욱 깊은 유대감을 느낄 수 있으며, 활력도 더 생긴다.

이런 연습을 자주 해본 사람들은 자신이 있는 곳의 에너지를 더 잘 느낄 수 있고, 외부의 에너지와 내면의 에너지가 조화를 더 잘 이루는 경험을 하기 시작한다고 말한다. 우리가 더 많은 것에 주목할수록 정신도 한층 깨어나게 된다.

관심 가는 것을
그리거나
적어보자

직접
요리하기

생각해보기

나와 음식의 관계는 시간이 지나면서 두드러지게 발전했다. 나는 예전에는 음식을 먹는 유일한 목적이 살아갈 수 있도록 신체에 에너지를 공급하는 것이라고 생각했다. 하지만 이제는 그것이 사실이 아니라는 점을 알고 있으며, 더 이상 맥주와 카레에 의지하지 않는다. (여전히 가끔 찾기는 하지만 말이다.)

에너지에 더 민감해지기 시작하면 우리가 섭취하는 음식이 곧 우리 몸이 얻게 되는 것이라는 사실을 금세 깨닫는다. 하지만 인생의 속도가 너무 빠를 때는 그런 사실을 잊고 산다. 정신을 제대로 차리지 않고 살면 욕구를 충족하는 데 급급해지는 것이다. 우리는 아침에 움직임이 둔하다는 느낌이 들 때 카페인을 섭취하면 그런 현상이 나아진다는 것을 알고 있다. 낮에 나른하고 에너지가 부족하다면? 그때는 정제 설탕이 듬뿍 들어 있는 간식을 먹는다. 우리는 대체로 이런 나쁜 성분을 아무 생각 없이 섭취한다. 정신을 똑바로 차리지 않으면 뇌가 몸에 에너지를 공급하는 데만 신경 쓰고, 그것이 장기적으로 봤을 때 좋은 에너지인지 아닌지는 따져보지 않는다. 우리가 당장 계속해서 달릴 수 있게 하는 데만 신경 쓰는 것이다.

계획

가공하지 않은 재료로 직접 만든 요리만 먹어보자.

이 말은 시중에서 판매하는 포장되어 있는 간식, 테이크아웃 음식, 가공식품은 입에 대지 말자는 뜻이다. 동네에서 가장 신선한 식재료를 구할 수 있는 곳을 찾아서 그 재료로 음식을 만들어보면 차이를 분명하게 느낄 것이다. 동네에 있는 청과물 가게, 정육점, 생선 가게를 찾아가서 오늘 가장 신선한 것이 무엇인지 알아내는 과정을 즐겨라. 관심 있게 보다 보면 더 잘 익고 더 탐스러워 보이는 것이 눈에 띌 것이다. 그것을 집어 들어 냄새를 맡아보자. 그리고 무엇에 관심이 가는지 살펴보자. 요리를 한 번도 해본 적이 없더라도 걱정할 필요는 없다. 요즈음에는 인터넷에서 원하는 요리법을 모두 찾을 수 있기 때문이다. 유능한 상인이라면 손님에게 제철인 재료가 무엇인지 알려줄 것이며, 자신이 그 재료로 요리할 때 가장 즐겨 이용하는 방법도 있을 것이다. 재료를 사면서 상인에게 그 재료에 적합한 요리법을 물어보자. 무엇을 배우게 될지는 아무도 모른다. 이 과정에는 약간의 계획과 준비가 필요하지만 그만한 가치가 충분히 있다.

효과

우리가 섭취하는 음식과 더 강한 유대를 맺고 나면 영양분에 관해 항상 더 나은 결정을 내리게 될 것이다. 다양한 음식을 접하다 보면 상대적으로 에너지를 훨씬 더 많이 주는 음식을 발견하게 된다. 나는 개인적으로 실험해본 결과 대량생산되는 빵이 나에게 전혀 도움이 되지 않는다는 것을 알게 되었고, 그것을 식단에서 빼버렸다. 그랬더니 기운도 더 생기고 체력의 기복도 줄어들었다. 물론 사람마다 식단에서 제외해야 하는 음식이 다르다. 하지만 여러 가지 음식을 먹어보면 어떤 음식이 자신과 잘 맞는지 알 수 있을 것이다.

그 과정에서 동네 상인들과 친해질 수 있다는 장점도 있다. 그러면 우리가 먹는 음식이 어디에서 오는지 알 수 있으며, 결과적으로 음식에 훨씬 더 신경 쓰게 될 것이다. 대량생산된 상품과 정성을 담아 만든 신선한 요리는 하늘과 땅 차이다. 신선한 음식을 먹는 데서 누릴 수 있는 혜택을 체감하고 좋은 재료를 얼마나 쉽게 구할 수 있는지 알고 나면 예전의 식습관으로 돌아가기는 어려울 것이다.

보이 조지Boy George가 말했듯이 "광고에 나오는 것은 절대로 먹지 마라".

안 가본 길 가보기

생각해보기

사람들은 대체로 자신의 삶을 거의 완전하게 통제하면서 살아간다. 다들 시간, 돈, 환경을 열심히 관리하기 때문에 깜짝 놀랄 기회가 매우 적다.

우리가 들고 다니는 휴대폰의 연산 능력은 20년 전에 성능이 가장 좋았던 컴퓨터의 연산 능력보다 훨씬 뛰어나다. 우리는 이제 휴대폰으로 통장 잔고, 기차 시간표, 날씨를 확인하고 집의 온도 조절 장치를 조정할 수 있다. 또한 배달시킨 식료품이 잘 오고 있는지, 그리고 우리가 오늘 하루 운동을 전혀 하지 않고서도 칼로리를 얼마나 소모했는지도 확인할 수 있다. 요즈음에는 모든 휴대용 기기에 GPS가 탑재되어 있는 만큼 우리가 어디에 있는지, 어디로 가는지, 어떻게 돌아갈 것인지 알지 못하는 유쾌한 경험은 하기 어렵다. 혼자서 길을 잃으면 스스로에게 의지하는 방법을 터득하는 데 도움이 되며, 인생에서 불확실하고 새로운 것이 나타났을 때 어떻게 대처해야 할지 배울 수 있다. 작가이자 모험가인 존 에번스Jon Evans의 말이 이를 잘 설명한다. "'길을 잃을' 위험을 없애는 것은 좋은 생각 같아 보이지만 나에게는 그것이 뛰는 방법을 배우지 않고 아주 편안한 휠체어에 앉아 있는 데 만족하는 것과 비슷하게 느껴진다."

계획

이번 점심시간에는 산책을 하러 나가서 길을 잃어보자.

(만일 너무나 익숙한 환경에 놓여 있다면 한 번도 가본 적이 없는 곳으로 향하는 버스나 기차에 무작정 올라타면 된다.) 나는 일부러 길을 잃을 때 나의 관심을 끄는 것을 무작정 따라가고 어디에 도착하게 되는지 살펴본다. 사람들에게 언제든지 길을 물을 수 있기 때문에 완전히 길을 잃는다고 보기는 어렵다. 하지만 자신이 어디에 있는지 모르는 것이 모험의 일부인 만큼 정해진 목적지 없이 돌아다니는 과정을 즐겨라.

천천히 돌아다니면서 주위에 있는 세상을 자세히 관찰하자. 누구든 익숙한 곳을 걸을 때는 별 생각 없이 걷게 된다. 하지만 평소와 다른 새로운 길을 걸으면 우리 주위에 있는 세상의 보다 복잡한 세부 사항이 눈에 띄기 시작할 것이다. 건축양식, 길 이름, 그곳에서 살아가고 일하는 사람들, 냄새, 소리가 모두 조금 더 감질나게 느껴질 것이고 우리를 놀라게 할지도 모른다. 기계적으로 움직이거나 휴대폰을 보면서 걸으면 주위 환경의 여러 가지 요소를 알아채지 못할 것이다.

효과

우리는 길을 잃으면 집으로 돌아가는 데 도움이 될 만한 단서를 찾기 위해 주위 환경에 평소보다 민감해진다. 감각이 민감해지면 정신이 더 깨어나고 우리가 살아가는 환경을 더 감사히 여기는 데도 도움이 된다. 길을 잃는다는 것은 우리가 새롭고, 풍성하고, 놀라운 경험을 즐기게 된다는 것을 뜻하기도 한다. 그러면 살아 있다는 사실을 그만큼 더 즐길 수 있다.

우리가 진정으로
마음이 끌리는 대상과
교감할 때
인생을 제대로 사는 것에
더 의식적으로
신경 쓰게 된다.

산책하며
대화하기

생각해보기

현대적인 삶의 압박과 복잡함은 우리가 명확한 사고를 하는 것을 방해한다. 우리의 뇌는 일생상활에서 받는 자극을 처리하는 것만으로도 바빠서 집중에 어려움을 느낀다. 그래서 우리의 인생에서 정말로 중요한 것에 신경 쓰는 일이 대단히 큰 도전처럼 느껴지는 경우가 많다.

최근에 하버드대학교에서 실시한 연구에 따르면 어느 시점에든 평균적으로 인구의 50%가 자신이 하고 있는 일에 집중하지 못한다고 한다. 20년 전에는 이런 현상이 이 정도로 심각하지는 않았다. 우리의 집중력을 방해하는 요소가 훨씬 적었기 때문이다.
인간은 우리가 누구인지, 그리고 우리의 인생에서 어떤 일이 일어나는지에 관해 이야기를 만들어내는 경향이 있다. 그런데 그런 이야기는 사실이 아닌 경우가 많다. 사람들이 흔히 잘못 생각하는 것에는 우리가 이런 상황에 놓이게 된 과정, 그리고 이런 상황으로부터 벗어날 수 없는 이유가 포함된다. 예를 들면 이렇게 생각하는 식이다. '나는 아이들이 다 자라기 전까지는 내 열정대로 일을 할 수가 없어. 그때까지는 아이들 뒷바라지만 열심히 해야 해.' 우리는 이런 잘못된 생각이 올바른 시각을 갖추는 데 도움이 된다고 여기고 이런 생각을 고집한다. 하지만 이런 생각은 우리를 환상의 세계에 가둘 뿐이다.

계획

이런 잘못된 생각을 떨쳐버리고 진실을 마주하는 데 도움이 되도록 친구와 함께 외출을 해보자. 친구와 짧은 산책을 나가서 인생에 대해 매우 빠른 속도로 이야기해보자. 무엇이 제대로 돌아가고 무엇이 제대로 돌아가지 않는지, 또 무엇이 우리를 행복하게 하거나 슬프게 하는지 친구에게 털어놓아라. 그냥 머릿속에 떠오르는 대로 말하면 된다. 빨리 말하다 보면 결국에는 논리적이거나 기발하거나 진실이 담긴 이야깃거리가 떨어질 것이다. 그러면 머릿속에 떠오르는 아무 이야기나 내뱉고 계속해서 빠른 속도로 말을 이어가라. 그렇게 떠들다 보면 이따금씩 우리에게서 내면의 변화를 유도하는 이야깃거리가 튀어나올 것이다. 바로 그런 것들이 흥미로운 내용이다.

친구가 맡은 역할은 우리의 이야기를 들어주고 우리가 말하는 내용 중 핵심적인 것을 적어주는 것이다. 이렇게 10분 동안 걸으며 떠들고 나면 어디까지 말했든 기분이 나아질 것이다. 어쩌면 그동안 관심이 필요했던 인생의 한 가지 부분을 명확하게 밝혀낼지도 모른다. 이렇게 얻은 통찰력에 약간의 추가적인 생각까지 곁들이면 그 부분을 어떻게 다룰 것인지 결정하는 데 도움이 될 것이다. 사람들은 이런 접근법을 이용하고 나서 다음에 어떤 일을 해야 하는지 정확하게 알아차리는 경우가 많다. 이때 중요한 것은 무엇을 할지 곧바로 적어두는 것이다. 다시 바빠지면 이런 명확한 사고가 금세 불가능해질 수도 있기 때문이다.

그리고 좋은 친구끼리는 당연히 그러듯이 산책을 함께 나가준 친구를 위해서도 똑같은 일을 해주겠다고 권해보자.

효과

옴짝달싹할 수 없다고 느낄 때마다 산책을 나가서 대화를 해보자. 그러면 인생을 어떻게 살고 있는지 훨씬 명확하게 알 수 있고, 하루하루를 진정 멋진 날로 만들 수 있는 방법을 더 의식적으로 찾게 될 것이다. 그 과정은 마치 관목의 가지를 치는 것과 비슷하다. 오래된 가지를 잘라내야 새로운 가지가 자라날 공간이 생긴다. 변화를 주기 위한 노력을 기울이기 시작하면 모든 것이 꽃필 것이다. 머릿속에서 만들어낸 가짜 인생을 살아갈 때는 정신적으로 깨어나기 어렵다. 하지만 우리가 진정으로 관심이 가는 대상과 교감할 때, 인생을 제대로 사는 것에 더 의식적으로 신경 쓰게 된다.

종이비행기
날리기

생각해보기

나는 한때 조금 이상한 것에 집착하는 남자를 알고 지냈다. 그는 플라스틱 원반을 들고 산꼭대기에 올라가서 그것이 얼마나 멀리 날아가는지 지켜보길 좋아했다. 원반을 자주 잃어버리는 바람에 돈이 많이 드는 취미가 되기는 했지만 그는 원반이 멀리 날아가는 모습을 지켜볼 때의 느낌을 즐겼다.

우리는 삶이 갑갑하고 어딘가에 갇혀 있다고 느낄 때가 많다. 우리가 틀에 딱 들어맞을 때까지 세상의 무게가 우리를 짓누르는 것처럼 느껴지는 것이다.
사람들은 바보 같고 장난기 많은 면을 잃기가 쉽다. 하지만 그런 면은 우리의 본모습의 커다란 부분을 차지한다. 하루는 1440분이지만 그중에서 우리가 웃는 시간은 6분밖에 되지 않는다. 그러니까 매일 '시간 은행'에 '재미있는 시간'을 더 입금해보자.

계획

계획은 간단하다. 종이비행기를 만들어 정말 높은 곳으로 올라가서 얼마나 멀리 날아가는지 살펴보는 것이다.

나중에 종이비행기를 찾으러 가기 위해서는 비행기가 어디에 떨어지는지 잘 봐둬야 한다. 하지만 가장 중요한 것은 즐거운 마음으로 비행기를 날리고 비행기가 바람을 타고 여행을 떠나는 광경을 지켜보는 것이다.

종이비행기의 공력적인 특성과 그날의 바람 상황에 따라서 비행기가 아주 멋진 모험을 떠나게 될지도 모른다. 눈으로는 공기나 바람의 흐름을 볼 수 없지만 종이비행기는 그 흐름을 타게 될 것이다. 높은 곳에서 날리는 종이비행기는 우리의 인생이 펼쳐지는 방식과 크게 다르지 않다. 우리는 인생이 어떻게 흘러갈지 예측할 수 없다. 예상치 못한 일이 언제나 벌어지기 때문이다. 인생의 어떤 요소는 금세 추락하고 불타버리는 반면 어떤 요소는 우리가 전혀 상상하지 못했던 곳으로 향하기 위해 빙 돌아서 아름다운 여정을 떠난다.

우리를 괴롭히는 것이 있다면 종이비행기 안에 적으면 된다. 비행기와 함께 걱정거리도 하늘로 날려버리는 것이다.

(사람이 많은 곳에서는 종이비행기의 끝을 너무 뾰족하게 만들지 마라. 다트처럼 끝이 뾰족한 디자인의 비행기는 한적한 곳에서 날릴 때 이용하자.)

효과

순수한 즐거움만을 위해서 어떤 활동을 하면 우리가 지구에서 경험하는 모든 일이 결국에는 즐거움을 느끼기 위한 것이라는 사실을 떠올리는 데 도움이 된다. 사는 것이 재미없고 살아 있다는 경험을 즐기지 못한다면 우리에게 주어진 멋진 인생을 진정으로 낭비하는 꼴이다.

종이비행기를 날리는 것이 심오하거나 깊이가 있는 활동은 아니다. 하지만 사람들이 종이비행기를 공중으로 날릴 때 짓는 미소는 중요하고 진지한 심리 치료보다 더 가치가 있다. 그러니 동심으로 돌아가서 종이비행기를 날리자.

종이비행기를 만들어보자

1\.

종이를 (세로로) 반으로
접었다가 다시 편다

2\.

양쪽 끝을 하나씩
안으로 접는다

5\.

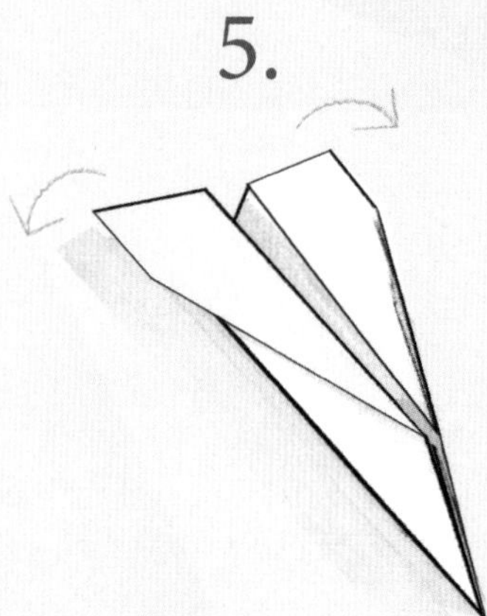

양쪽 끝을 뒤집어 접어
날개를 만든다

6\.

무엇을 망설이는가?!

…날려라!

3.

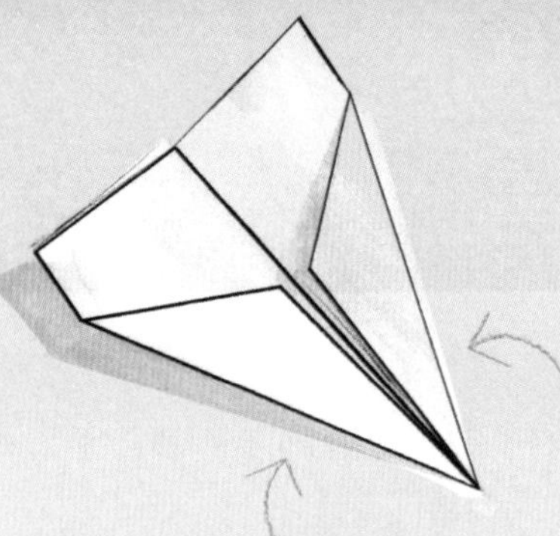

접힌 양쪽 끝을
한 번 더 안으로 접는다

4.

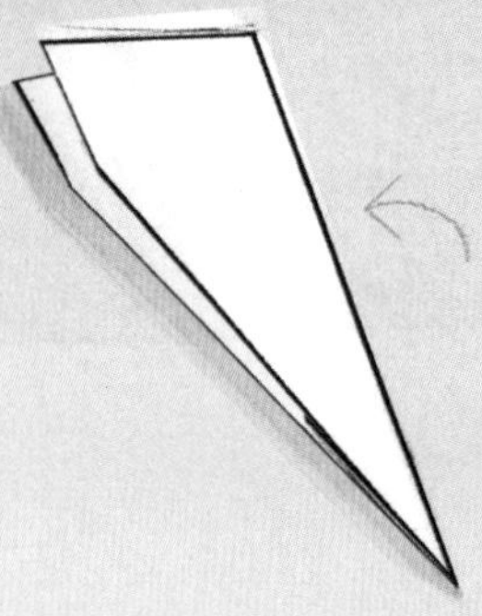

종이를 반으로 접는다.

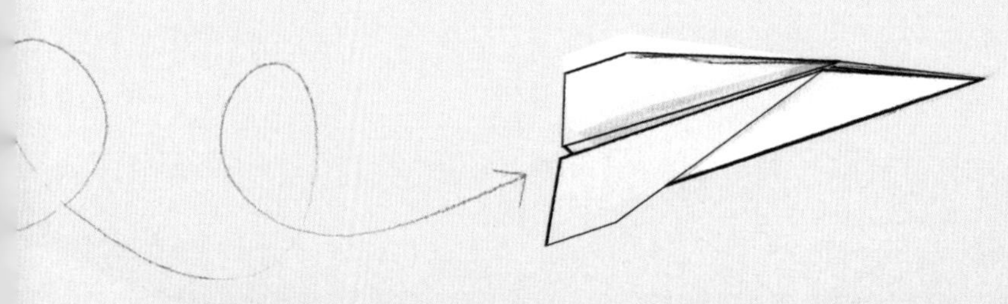

물건과
교감하기

생각해보기

나의 친한 친구 댄 키어런은 나에게 '슈필처이크Spielzeug'라는 개념에 대해서 소개해주었다. 그의 다음 책은 바로 슈필처이크에 관한 것인데 너무 아름다운 개념이라 내 책에서도 짧게나마 다루고 싶었다. 슈필처이크는 독일어로 '장난감'을 뜻한다. 하지만 많은 단어가 그렇듯이 번역하는 과정에서 진정한 의미를 잃어버렸다.

슈필처이크는 특정한 물건이 품고 있는 분명한 에너지를 뜻한다. 우리가 좋아하는 여러 가지 물건에서 그런 에너지를 감지할 수 있다. 펜, 머그잔, 안경에서 감지할 수도 있고, 나처럼 기타에서 그런 에너지를 느낄 수도 있다. 그런 물건이 우리의 마음에 드는 이유는 그 물건의 에너지가 다른 것들과 다르기 때문이다. 그런 물건들은 우리와 개인적으로 잘 맞는 에너지를 품고 있다. 나는 이런 에너지가 물건뿐만 아니라 건물, 미술품, 장소, 사람에게도 있다고 믿는다.

슈필처이크를 많이 의식하면서 사는 사람도 있고, 그렇지 않은 사람도 있다. 하지만 그런 에너지를 더 자주 느낄 수 있도록 신경 쓴다면 우리를 둘러싼 환경과 교감할 기회가 훨씬 많아질 것이다.

우리의 주위에 있는 것들과 효과적으로 교감하면 우리 자신과 우리가 살아가는 세상을 더 의식하는 데 도움이 된다. 따라서 우리가 정신적으로 깨어나고 살아 있다는 느낌을 더 강하게 받는 데도 도움이 될 것이다.

계획

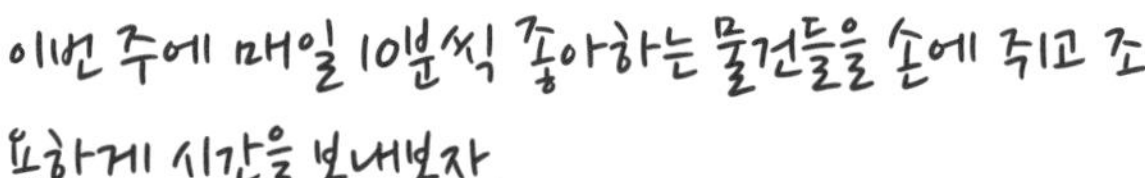

좋아하는 물건을 한 번에 한 가지씩 들고 눈을 감아라. 그러고는 심호흡을 하고 그 물건에서 어떤 느낌이 나는지 감각해보자. 우선 물건의 모양, 무게, 질감에 초점을 맞춰라. 그다음에는 그런 요소에 집중하지 말고 그저 물건을 손에 쥐고 물건과 더 깊이 교감할 수 있도록 마음을 열면 된다. 예를 들어 좋아하는 책이 있다면 한 손에는 그 책을 쥐고 다른 손에는 아무 교감도 느끼지 못하는 다른 책을 쥐고 차이를 느껴보자.

슈필처이크에 신경 쓰다 보면 생각지도 못한 장소와 우리가 일상적으로 접하는 대부분의 물건에서 그런 에너지를 발견할 수 있다는 사실을 곧 알아차릴 것이다. 긍정적인 느낌을 정신적으로 또는 신체적으로 야기하는 건물이나 장소도 있을 것이고, 반대로 우리를 밀어내다시피 하는 건물이나 장소도 있을 것이다. 슈필처이크가 많이 느껴지는 곳을 발견하면 그곳에 앉아서 조용히 심호흡하자. 그리고 그 에너지가 주는 느낌을 즐기면서 미소를 지어보자.

사람에게도 이런 에너지가 있는 경우가 있다. 어떤 사람들은 우리와 자연적으로 에너지가 넘치는 유대를 형성한다. 그래서 그 사람들과 시간을 보내고 싶어지는 것이다. 미국 작가이자 시인인 찰스 부코스키Charles Bukowski는 이렇게 말했다. "자유로운 영혼을 접하기는 쉽지 않지만 보면 바로 알 수 있다. 그런 영혼을 가진 사람 주위에 있거나 그런 사람과 함께 있으면 기분이 정말 좋아지기 때문이다."

효과

슈필처이크를 감지할 줄 아는 사람은 살아가는 데 도움이 되는 자신만의 나침반을 갖고 있는 셈이다. 그 나침반에 정신을 맞추고 결정을 내릴 때 나침반을 참고하자. 그러면 에너지의 측면에서 봤을 때 우리에게 더 잘 어울리는 더 나은 결정을 내릴 수 있을 것이다.

슈필처이크를 감지하면 살아 있다는 느낌이 자연스럽게 더 강하게 들고 자신과 주변 세상을 더 의식하게 된다. 슈필처이크를 느끼기 위해서는 반드시 그것을 알아채고 그런 에너지를 발산하는 대상과 교감해야 한다. 교감이 제대로 이루어지면 정신이 깨어날 것이다.

슈필처이크는 어디에서나 찾을 수 있다. 그런 긍정적인 에너지를 감지하여 살아 있다는 느낌을 더 강하게 즐겨보자.

에너지 충전하기

우리는 피곤하고 감당하기 힘들 만큼 고생했을 때, 또 기운을 소진하고 녹초가 되었을 때 균형 잡힌 생각을 할 에너지가 부족해진다. 우리의 의식은 많은 원기를 필요로 하며, 원기가 부족해지면 무의식이 우리의 생각을 장악해버린다.

정신이 깨어나기 위해서는 깨끗한 에너지를 공급해주는 안정적인 체계가 마련되어야 한다. 이 책은 주로 에너지에 관한 이야기를 다루고 있는데, 이때의 에너지란 우주의 에너지보다는 개인적인 에너지에 더 가깝다. 우리의 몸과 마음은 제대로 기능하기 위해서 보살핌이 필요하다. 심신이 제대로 기능하지 못하면 정신이 정기적으로 깨어나지 못할 것이고 기민한 정신 상태를 유지하지도 못할 것이다.

정신적인 에너지를 충전하기 위해서는 영양 섭취, 운동, 수면, 휴식을 통해 신체의 건강에 신경 써야 한다. 그리고 머리가 더 생산적으로 돌아갈 수 있게 하는 방법도 익혀야 한다. 이를 위해서는 부정적인 생각과 두려움을 이겨내고, 집중력을 키우고, 여러 가지 가능성에 보다 개방적인 태도를 보이면 된다. 보다 긍정적인 감정을 장려하고, 더 재미있고 신나게 생활할 때 많은 에너지를 얻을 수 있다. 아울러 우리가 살고 있는 세상에 더 민감해지고 세상에 대한 우리의 반응에 더 민감해지는 것도 좋은 방법이다.

이 책은 에너지를 효율적으로 활용하는 방법과 에너지를 충분히 얻는 방법에 초점을 맞추고 있다. 자동차에 비유하자면 우리는 각기 다른 엔진을 보유하고 있으며, 엔진마다 고유한 방식으로 튜닝하고 균형을 맞춰야 한다. 전문가들은 우리가 엔진을 잘 관리하는 방법을 이해하는 데 도움을 줄 수 있다. 하지만 성공의 열쇠는 언제 엔진이 잘 돌아가는지, 또 언제 엔진에 문제가 있는지 감지할 줄 아는 것에 있다. 그런 차이를 예민하게 느낄 수 있으면 남은 시간 동안 우리가 긍정적이고 활동적이고 쾌활한 에너지를 얻도록 돕는 것이 무엇인지 시험해보면 된다.

이런 때에 몸에 에너지가 잘 돌고 있다는 사실을 알 수 있다.

- 활력이 있고 활동적일 때
- 긍정적이고 낙관적이고 행복한 기분이 들 때
- 기운이 넘칠 때
- 마음이 안정되고 열려 있을 때
- 집중이 잘되고 머리가 맑을 때

튼튼이
운동하기

생각해보기

알람시계가 발명되기 전에 북미 원주민들은 방광을 이용하여 원하는 시간에 기상했다. 다음 날 아침에 일찍 일어나야 하면 물을 많이 마시고 잤고, 늦게 일어나고 싶으면 물을 조금 마시고 잔 것이다. 이것은 간단한 방법이지만 효과가 대단히 좋으며, 북미 원주민들은 이런 방법을 20세기 중반까지도 이용했다.

나는 최근에 이와 비슷한 방법을 이용하여 온종일 기운이 떨어지지 않도록 체력을 잘 관리하는 한 남자를 만났다. 그는 화장실에 가고 싶을 때를 운동 시간으로 정해 화장실에 다녀올 때마다 팔굽혀펴기를 20회 실시했는데, 그런 방법에는 두 가지 큰 장점이 있다고 설명했다. 첫 번째는 매일 규칙적으로 운동을 하다 보니 직장에서 힘이 더 나서 언제나 실력 발휘를 할 수 있다는 것이었고, 두 번째는 헬스에 시간을 따로 투자하지 않아도 된다는 것이었다. 그는 헬스클럽에 다니지 않는데도 놀라울 정도로 몸이 좋았다.
영국인은 이제 평균적으로 하루에 20시간 이상을 앉아서 또는 누워서 보낸다. 최근에 영국 보건부에서 실시한 연구에 따르면 국민의료보험NHS의 권고대로 매주 5일 동안 하루 30분씩 중간 강도의 운동을 하는 사람은 남자의 경우 6%, 여자의 경우 4%뿐이라고 한다.

계획

체내의 자연적인 알람시계를 활용하자. 화장실에 다녀올 때마다 운동을 해보는 것이다.

꼭 팔굽혀펴기 20회를 해야 하는 것은 아니다. 60초 동안 플랭크 운동이나 윗몸일으키기를 해도 되고, 스쿼트나 요가 자세를 선택해도 된다. 본인의 몸과 스타일, 그리고 이용할 수 있는 공간과 시설에 적합한 활동을 골라보자.

중요한 것은 힘이 나는 운동을 하는 것이고, 짬짬이 운동하는 것이 습관이 되면 이득을 톡톡히 누릴 수 있다. 이때 운동을 꼭 화장실 안이나 근처에서 할 필요는 없다! 화장실에 다녀올 때마다 마음에 드는 공간을 찾아서 1분 동안 하면 된다. 운동을 할 수 있는 공간이 확 트여 있는 사무실뿐이라면 상당한 용기가 필요할 것이다. 하지만 사무실에서 운동하는 것이 당연하다는 듯이 팔굽혀펴기를 20회 하면 동료들도 차츰 격려의 시선으로 바라봐 줄 것이다.

효과

시간이 별로 걸리지 않는 이 간단한 운동법을 도입하면 체력의 기복이 줄어들고 정신이 더 깨어 있는 느낌이 들 것이다. 운동을 이렇게 하루만이라도 해보면 살아 있다는 느낌이 강하게 들고 다른 사람들에게 긍정적인 영향을 더 많이 끼칠 수 있다. 운동을 시작한 지 4일째가 되면 체력이 이미 더 강해져서 그만큼의 이득을 누릴 수 있을 것이다. 체력이 강해지면 자신감이 생기고 몸에 전체적으로 좋은 에너지가 돈다. 이것이 아무 생각 없이 기계적으로 살아가는 삶에서 벗어날 수 있는 한 방법이다.

그림으로
인생 그려보기

생각해보기

우리에게 어떤 일이 일어나고 있는지, 또 무엇이 가장 중요한지 분명하게 파악하지 못하고 살아가기가 너무나도 쉽다. 나이가 들수록 책임져야 할 일이 늘어나면서 시간이 더 빨리 지나가는 것 같은 느낌도 든다. 그러다 보면 인생에 대한 통제권이 우리에게 없다고 느낄 수도 있다.

활동을 다양하게 할수록 한 가지 활동에 할애할 수 있는 시간이 줄어든다. 따라서 각각의 활동을 제대로 수행하기가 어려워진다. 할 일을 여러 개로 자잘하게 나누는 것은 상당히 보람 없는 짓이다. 한 가지 일을 간신히 끝내고 나면 성취감을 느낄 새도 없이 다른 일로 얼른 넘어가야 하기 때문이다. 그러다 보면 중요한 것이 무엇인지 분명하게 파악하지 못하고 재미도 별로 느끼지 못한 채 정신없이 살게 된다. 나는 지금부터 소개할 활동을 이용하여 수년 동안 팀원들과 교감했고, 최근에는 아들과도 이런 방법을 이용했다. 가족인데도 서로를 이해하는 데 어려움을 느꼈기 때문이다.

계획

이번 주에는 친구 한 명을 초대하고 커다란 종이 네 장과 색연필을 준비해보자.

지난 1년 동안 어떤 일을 겪었는지 10분 만에 그려보자. 정답이 없는 만큼 무엇을 그리든 상관없다. 머릿속에 떠오르는 것이 무엇이든 좋으니 그대로 종이에 옮기면 된다. 그림 속의 선이 구불구불하더라도 경험을 표현하는 데 지장이 없기 때문에 이 활동을 하기 위해 뛰어난 화가가 될 필요는 없다. 나는 실제로 기호와 작대기도 유용하다고 생각한다.

이제 새 종이에 내년이 어떤 모습이었으면 좋겠다고 생각하는지 그려보자.

서두르지 말고 상상력을 곁들여서 즐겁게 그리면 된다.

친구에게도 똑같이 해보라고 권해라. 압박을 느낄 필요는 없으며, 경쟁하는 것도 아닌 만큼 그저 즐거운 마음으로 임하면 된다.

이제 이 활동의 중요한 부분에 이르렀다. 시간을 들여서 친구에게 처음에 그린 과거의 그림에 대해 설명하고, 이어서 미래의 그림에 대해 설명해라. 설명을 마치고 나면 친구의 설명도 들어줘야 한다. 서로의 이야기에 귀를 기울이면서 친구와 교감하는 시간을 즐기자. 이런 활동을 통해 서로의 인생에서 벌어지는 일에 관해 통찰력을 더 얻을 수 있다.

효과

이 간단한 접근법을 이용하면 인생에 걸림돌로 작용하는 여러 가지 잡음과 환상에 가까운 이야기를 헤치고 나아갈 수 있다. (p.70 참조) 이런 방법은 우리가 감정적으로 더 와 닿는 일에 신경 쓰도록 돕기도 한다.

물론 이런 방법을 이용한다고 해서 인생의 돌파구를 찾게 될 것이라는 보장은 없다. 하지만 이런 방법을 여러 사람과 여러 번 이용해보면 자신이 어디에 있는지, 그리고 어디로 가고 싶은지 더 명확하게 알 수 있을 것이다.

나의 경우에는 성취한 일, 물질적인 소유물, 살고 있는 집 같은 것이 인생에서 가장 흥미로운 요소가 아니다. 이 방법대로 그림을 그려보면 나에게 가장 중요한 것은 삶의 질이라는 결론이 나온다. 사람들은 대체로 갖고 싶은 것이 아니라 되고 싶은 자신의 모습을 그린다. 자신이 인생에서 중시하는 요소들을 찾아내고 나면 어떤 사람이 되고 싶은지 매일 더 의식하게 되고, 그만큼 열심히 살기 위해 더 노력할 것이다. 이런 접근법은 우리가 유일하고 특별한 자신의 영혼, 즉 본인의 본질에 어울리는 삶을 살도록 돕고 우리의 진정한 모습에 눈뜨게 해준다.

지난 10년 동안
있었던 일

내년에는
이런 모습이길…

주변의 에너지 활용하기

우리는 종종 혼자라고 느낀다. 우리는 인생을 스스로 이끌어야 하며, 고난과 역경도 혼자 이겨내야 한다고 생각한다.

영적인 활동은 우리가 외적인 요소들을 감당하는 데 도움이 된다. 마음이 차분해지게 해주고, 내면의 에너지가 균형이 맞도록 돕기 때문이다. 그러면 우리는 앞으로의 인생을 감당할 준비를 더 잘 갖출 수 있다. 마음을 차분하게 하고 에너지가 더 잘 돌게 하는 방법을 배우고 나면 주위에 있는 세상과 더 손쉽게 교감할 수 있는 것이다. 이런 교감을 얻기까지는 수십 년이 걸릴지도 모른다. 하지만 나는 깨어날 수 있는 더 빠른 방법이 있다고 생각한다. 매일 우리 주위에 있는 에너지를 활용하여 의식의 수준에 변화를 주는 것이다. 물론 이를 위해서는 감각이 살아나야 하지만 그것은 깨어나는 것의 일부분일 뿐이다. 우리가 에너지를 받는 데서 그치지 않고 우리의 에너지 역시 세상에 내보내면 더 높은 수준의 의식에 도달할 수 있다.

몸이 스포츠카이고 정신이 엔진이라고 생각해보자. 우리는 수년간 보닛을 열고 이것저것 손보면서 우리의 엔진이 이론적으로 다른 스포츠카의 엔진보다 성능이 좋아지게 할 수 있을 것이다. 하지만 차가 트랙에 한 번도 나서지 않으면 좋은 엔진도 아무 소용이 없다.

그것보다 훨씬 나은 방법은 손을 조금씩만 보고 나서 스포츠카를 트랙에 내보내는 것이다. 차가 몇 바퀴 도는 동안 성능이 어떤지 살펴보고 나면 엔진을 추가적으로 손보는 데 필요한 정보를 더 많이 얻을 수 있다.

나는 개인적으로 정비소에 있는 것보다 트랙에 나가 있는 편을 선호한다. 우리 주위에는 에너지원이 많으며, 생각하지 못한 곳에 에너지원이 있는 경우도 있다. 우리는 장소, 시간, 사람, 소리, 관점, 미술, 문학, 음식, 바다, 동물, 가족, 식물, 자신과 교감할 수 있을 것이다. 어떤 것과 교감할 수 있는지 알아내고 나면 어디에 가든 스위치를 켜는 것처럼 손쉽게 깨어날 방법이 있다는 것을 깨닫게 된다. 나는 바다에 가까이 있을 때 에너지를 특히 많이 얻는다. 그리고 중요한 것에 관해 사람들과 제대로 교감하거나, 자연과 어우러지거나, 바쁘게 돌아가는 도시 속에 있더라도 한 걸음 물러나서 사람들을 관찰할 때 에너지를 많이 얻는다. 목록은 그런 식으로 계속된다.

우리는 이런 때 무엇인가가 우리에게서 교감을 유도하고 있다는 사실을 알 수 있다.

- 우리의 감각이 깨어나도록 돕는다.
- 우리의 시각이 우리 자신과 우리가 평소에 경험하는 의식 수준을 넘어 확장되게 해준다.
- 우리에게 긍정적인 에너지를 불어넣는다.
- 우리보다 훨씬 큰 무엇인가와 연결된 느낌을 받는다.
- 모든 것이 가능하며 문제 되는 것은 아무것도 없다는 생각이 든다.

에너지원이 많을수록 필요에 따라 에너지원의 조합에 다양한 변화를 줄 수 있다. 그러고 나면 우리가 원할 때 아무 때나 깨어날 수 있을 것이다.

하루의
첫 10분

생각해보기

우리는 그 어느 때보다도 빡빡한 하루하루를 보낸다. 우리의 관심과 노력을 요하는 것이 많아졌기 때문이다. 우리는 이제 다양한 유형의 미디어를 통해서 매일 약 10만 개의 단어를 접한다. 이는 우리가 1980년에 감당하던 단어의 수보다 무려 350%나 증가한 수치다.

시간이 우리에게서 빠른 속도로 도망간다는 느낌을 받는 사람이 많다. 우리가 인생을 살아가는 속도와 지속적인 혁신을 추구하는 사회의 발전 속도 때문에 그런 느낌이 드는 것이다. 며칠이 금세 몇 주가 되고, 몇 주가 금세 몇 달이 된다. 2천 년 전에 살았던 고대 로마의 철학자 세네카Seneca는 이런 명언을 남겼다. "여러 곳에 있다는 것은 그 어느 곳에도 없다는 것이다."

우리는 하루를 시작할 때 할 일이 많다는 것을 알고 있다. 그러다 보니 일의 늪 속으로 당장 뛰어들어야 할 것만 같은 생각이 든다.

일을 일찍 시작하면 빨리 끝내기야 하겠지만 몸은 몹시 지치고 정신도 멍해질 것이다. 그날 온종일 자신이나 다른 사람들의 존재를 분명하게 인식하지 못할 가능성도 크다. 정신없이 산다는 것은 우리의 진정한 모습과 우리가 살아가는 세상과의 연결 고리가 끊어진다는 것을 의미하기 때문이다.

계획

이제부터 삶의 속도를 조절하기 위한 노력을 천천히 시작하려고 한다.

아침에 일어나자마자 10분 동안 아무런 디지털 기기 없이 바깥에서 시간을 보내자.

밖에 나가기가 불가능하다면 얼굴에 시원한 공기가 닿도록 창문을 열고 그 앞에 서서 바깥세상을 내다봐도 좋다.
이 10분을 보내기에 가장 적합한 장소는 앉아 있기 좋은 공원이나 정원이다. 하지만 장소가 실외이기만 하다면 우리가 원하는 이점을 얻을 수 있다. 앉거나 서 있기 편한 곳을 찾아서 10분 동안 가만히 있어보자. 미소를 지은 채 심호흡을 하고, 주변을 관찰하고, 세상과 교감하면 된다.
평화로운 분위기, 편한 공간, 하늘이 보이는 풍경은 우리가 우주의 에너지를 느낄 수 있도록 돕는다.
그렇게 가만히 있다 보면 머릿속에 여러 가지 생각이 떠오를지도 모른다. 그럴 때는 의문을 품지 말고 어떤 생각이 떠오르든 내버려 두어라. 그러다 보면 자신이 누구인지, 그리고 우리에게 지금 당장 중요한 것이 무엇인지 더 명확하게 알게 되는 경우가 많다.

효과

우리가 아침에 일어나자마자 맞이하는 순간은 소중하다. 바로 그 순간에 우리의 본모습과 핵심 가치, 그리고 지구와 교감하기 좋을 만큼 마음이 최대로 열린 상태가 되기 때문이다.

아침마다 이런 습관을 들이면 설령 바빠지더라도 일어나자마자 맞이하는 첫 10분 동안 얻은 교감을 유지하기가 훨씬 쉬워질 것이다. 그리고 세상에 본능적으로 반응하는 대신 이성적으로 반응하기도 더 쉬워질 것이다. 물론 그런 상태를 평생 유지할 수는 없다. 하지만 숨을 깊이 들이마시고 활짝 웃으면서 하늘을 올려다보면 더 빨리 깨어나고 인생이 얼마나 멋진지 다시금 기억하는 데 도움이 된다.

사랑
퍼뜨리기

생각해보기

지구상에 살고 있는 사람은 누구든지 멋지다. 누구에게나 유일하고 특별한 면이 있다. 그러나 우리는 자주 그런 면을 잊고 살아가기 때문에 내면의 빛을 쉽게 잃고 만다.

우리의 뇌는 대체로 긍정적인 것보다 부정적인 것을 더 쉽게 인식한다. 하지만 주위를 둘러보면 우리의 사기를 북돋아 주고 우리가 매일 최선을 다하도록 도와주는 사람도 많다. 사람과 사람 사이의 의미 있는 관계는 우리를 더 행복하고 건강하게 해주며 장수에도 도움이 된다. 그런 친밀한 관계가 없는 것이 흡연이나 비만보다 건강에 더 해로울 정도다. 인간은 사회적인 동물이기 때문에 다른 사람과의 의미 있는 관계는 필수적이다. 노벨상 수상자인 대니얼 카너먼Daniel Kahneman은 인간의 뇌가 매일 개별적인 정보 또는 '순간'을 2만 개나 수용한다는 점을 발견했다. 정보의 대부분은 긍정적인 정보와 부정적인 정보로 구분할 수 있다. 행복을 위한 긍정적인 순간과 부정적인 순간의 황금 비율은 5 : 1이다. 〈투데이Today〉에 성공한 어느 행복한 젊은 남자의 이야기가 실린 적이 있었다. 그는 가정환경이 좋지 않았고 학교에서 공부하는 데 애를 먹기도 했다. 그렇다면 무엇이 그의 여정을 바꿔놓았을까? 초등학교 선생님이 그에게 관심을 보이고 그를 믿는다고 말씀해주신 것이 계기가 되었다. 좋은 선생님과의 단 한 번의 만남이 그의 인생을 송두리째 바꿔놓은 것이다.

계획

오늘은 친한 사람을 붙잡고 그 사람을 왜 좋아하는지 이야기해주자.

이유는 다양할 수 있다. 우리의 인생에는 상당히 놀라운 방식으로 우리에게 특별한 것을 주는 사람들이 있다. 어쩌면 배우자나 연인이 집안 여기저기에 또는 출근할 때 들고 나가는 가방 속에 사랑이 담긴 쪽지를 놓아둘지도 모른다. 아니면 버스 운전기사가 함박웃음을 짓고 우리의 안부를 물을 수도 있다. 우리가 휴가를 떠난 사이에 바깥에 둔 쓰레기통을 대신 비워준 이웃이 있을지도 모른다. 아니면 10년 넘게 못 본 친구가 마치 텔레파시라도 통한 것처럼 딱 적절한 때 전화를 해서 우리의 이야기를 열심히 들어주었을 수도 있다. 여기서 중요한 것은 자잘한 세부 사항이다. 그런 작은 것들이 모여서 큰 도움이 되기 때문이다.

효과

이렇게 간단한 활동만으로도 여러 가지 이득을 얻을 수 있다. 우선 살면서 만나게 되는 모든 사람의 멋진 면을 더 많이 알아볼 수 있도록 우리의 선택적 주의selective attention(인지 처리 과정의 효율성을 높이기 위해 외부의 자극 중 특정한 것에만 관심을 보이는 현상—옮긴이)를 훈련시킬 수 있다. 긍정적이고 뛰어난 것들을 더 많이 인식할수록 더 행복해지고, 세상과의 유대감이 깊어지고, 살아 있다는 느낌도 더 강하게 들 것이다.

사랑을 나누면 고맙게 생각했던 사람들과도 더욱 의미 있는 관계를 형성할 수 있다. 다른 사람들과의 유대감이 깊어지면 성취감이 더 많이 느껴지는 행복한 삶을 사는 데 직접적으로 도움이 된다.

같은 옷 입기

생각해보기

우리는 외모와 이미지에 너무나 집착한다. 어떤 옷을 입을지 결정하는 데 인생 중 1년이나 보내는 사람들도 있다. 나는 매일 똑같은 옷을 입는 사람들과 일해본 적이 있고, 그런 친구들을 두기도 했다. 그들은 하고 있는 일이나 그날의 기분과 상관없이 매일 같은 옷을 입는다. 나는 예전에는 이런 식의 이미지 관리법이 이상하다고 생각했다. 그러다가 이런 습관의 이득을 극찬하는 사람이 점점 더 늘어나는 추세라는 것을 알게 됐다.

스티브 잡스Steve Jobs는 일본인들의 근무 복장을 보고 자신의 패션을 간소화하기 위한 영감을 얻었다. 버락 오바마Barack Obama 역시 《배너티 페어Vanity Fair》에서 "회색이나 파란색 정장"만 입는다고 밝혔다. 이유는 이러했다. "결정해야 할 일의 수를 줄이고 싶어서다. 무엇을 먹고 무엇을 입어야 하는지 결정하고 싶지 않다. 결정해야 할 다른 일이 너무나 많기 때문이다." 이것은 '결정 피로'라고 알려진 현대적인 현상이다.
일상생활에서 기본적인 결정 한 가지를 배제하여 더 중요한 일에 대해 생각할 수 있는 여유 시간을 확보하는 것이다.

계획

앞으로 4일 동안 매일 똑같은 옷을 입어보자.

어떤 옷이 가장 적합할지 시간을 들여 생각해보자. 4일 동안 같은 색과 디자인으로 깨끗한 옷을 입을 수 있을 만큼 옷이 충분히 있는지 따져봐야 한다. 한번 결정하고 나면 생각을 바꾸지 말고 결정을 따르면 된다.
이제 사람들에게 어떻게 보일 것인지 걱정하던 시간을 즐거운 활동에 할애할 수 있다. 아침 식사를 더 오랫동안 즐기고 그날 하루에 관해 생각하는 시간을 늘려보자. 가족이 각자의 할 일을 위해 흩어지기 전에 대화를 제대로 나눠보는 것도 좋다. 오늘이 멋진 날이 될 수밖에 없다는 사실을 아는 만큼 숨을 크게 들이마시고 마음의 중심이 잡히도록 활짝 웃어라.

효과

매일 옷을 고르는 수고를 덜면 몸에 대한 자신감이 조금 더 생기고 중요한 일에 관해 생각할 시간도 조금 더 늘어난다.

나는 매우 특별한 날을 제외하고는 우리가 항상 자신을 위해서 옷을 입어야 한다고 생각한다. 옷과 상관없이 우리의 본모습이 마음에 들면 그만이다. 옷을 고르면서 너무 오래 고민한다면 사람들이 우리를 어떻게 인식할지에 신경을 너무 많이 쓴다는 뜻이다. 이 얼마나 피곤한 일인가! 자신을 위해서 옷을 입고 그런 모습을 즐겨라.

물론 4일 뒤에 옷을 다시 다양하게 입고 싶다면 그렇게 해도 좋다. 옷을 열심히 골라서 잘 입고 다니는 것이 정체성의 일부라면 일부러 자제할 필요는 없다.

느긋해지기

생각해보기

인생의 속도는 점점 빨라지고 있다. 메시지가 우리의 감각을 끊임없이 압도하며, 우리가 결정해야 할 일은 매년 늘어난다.

기술의 발전으로 사람과 사람 사이의 소통이 쉬워지면서 우리의 메일함은 메시지로 넘쳐나고 있다. 친구들이 최근에 인도네시아의 길리섬에 놀러 가서 찍은 사진들을 올리면 안 볼 수가 없다. 너무 많은 일이 벌어지는 탓에 우리의 의식은 무의식이 잡음을 모두 여과할 수 있도록 기능을 멈추는 경향이 있다. 나는 친한 친구인 데이비드 펄과 함께 몇 년 전에 '스트리트 위즈덤Street Wisdom'을 설립했다. 설립 취지는 정신 상태가 올바르다면 어느 곳에서든 영감을 얻을 수 있다는 것을 보여주는 것이었다. 돌파구를 마련하기 위해서 마추픽추와 같이 죽기 전에 꼭 가봐야 할 명소를 찾아갈 필요는 없다. 다시 말해서, 감각을 깨워내기만 한다면 어디에서나 필요한 답을 찾을 수 있다는 것이다. 지금까지 수천 명의 사람이 스트리트 위즈덤의 혜택을 누렸고, 이제 스트리트 위즈덤은 세계 곳곳에서 만나볼 수 있다.

감각이 깨어나도록 돕기 위해서 우리가 추천하는 준비운동 중 한 가지는 단순히 삶의 속도를 늦추는 것이다. 평소보다 다섯 배 느리게 걸으면 우리에게 멋진 일이 벌어진다. 주위의 세상과 내면의 세상에 눈을 뜨게 되는 것이다. 속도를 늦추면 모든 것에 더 민감해지기 때문이다.

계획

오늘의 일정을 확인해보고 걸어서 갈 수 있는 곳이 있는지 살펴보자. 마땅한 기회가 있으면 천천히 걸으면서 그 경험을 즐길 수 있도록 평소보다 일찍 출발하자.

사람들은 대체로 삶의 속도를 조금만 늦추고 싶어 하지만 이 활동을 위해서는 속도를 많이 늦춰야 한다. 자신의 한계를 시험해보기 위해서 얼마나 느리게 움직일 수 있는지 살펴보고 그렇게 천천히 움직일 때 어떤 일이 일어나는지 알아보자. 뇌의 가동 속도를 늦추기 위해서 심호흡을 하면 몸의 움직임도 자연스럽게 느려질 것이다.
천천히 걷는다고 사람들이 이상한 눈으로 쳐다보면 미소를 지어주면 된다. 평소에는 인식하지 못했던 사람들에 주의하자. 살아가는 속도를 늦추면 미처 생각하지 못했던 연결 고리를 발견할 수 있을 것이다. 슈퍼히어로 버키Bucky(마블코믹스에 등장하는 캐릭터—옮긴이)의 말처럼 천천히 살펴보지 않으면 "애벌레를 봐서는 나비가 될 운명이라는 것을 전혀 눈치챌 수 없다". 스트리트 위즈덤을 운영하면서 우리는 사람들을 희한한 방식으로 많이 만났다. 사람들이 갑자기 나타나서 우리가 알아야 할 것들을 알려준 것이다. 삶의 속도를 늦추면 우리 자신과의 소통이 더 원활해지고, 반향이 더 크고 매력적인 에너지를 방출할 수 있다. 민감한 사람들은 어디에나 있으며 그런 에너지를 느끼고 우리에게 다가올 것이다. 나비는 어디에나 있다. 정말 근사한 생각 아닌가?

효과

단순히 삶의 속도를 늦추기만 하더라도 세상에 관해 더 많은 것을 알게 되고 결과적으로 더 깨어날 수 있을 것이다. 사람들이 명상을 어렵게 생각하는 이유는 대체로 마음이 시끄럽기 때문이다. 하지만 걷는 속도를 늦추고, 공기가 배 속까지 내려가도록 심호흡을 하고, 미소를 짓고, 주목해야 할 것들에 주목하면 매우 빠른 속도로 내면의 평화를 얻을 수 있다.

매일 천천히 산책하기만 하더라도 빠르게 돌아가는 세상에서 자신이 누구인지 더 분명하게 의식하게 될 것이다. 우리가 세상과 어떻게 소통하는지 더 명확하게 알고 나면 통제가 안 될 만큼 바쁜 생활에 치이는 대신 자신의 속도대로 살기가 훨씬 쉬워진다.

숲 산책하기

생각해보기

일본 연구원들은 삼림욕이 치료에 효과가 있다는 사실을 증명했다. 한 연구에 의하면 삼림욕은 스트레스와 불안감을 줄여주고 우울한 기분을 달래준다고 한다. 따라서 삼림욕을 하면 스트레스 때문에 생기는 심리사회적인 질병에 걸릴 확률이 줄어들고, 혈압이 낮아지며, 면역력이 강해지는 데도 도움이 된다.

삼림욕이 암세포와 싸우는 면역 체계의 한 가지 요소인 자연살해세포(NK세포)의 수를 늘려준다는 연구 결과도 있다. 삼림욕을 하루만 하더라도 늘어난 자연살해세포의 수가 일주일 내내 지속되며, 삼림욕을 3일 동안 하면 그 효과가 한 달이나 간다니 정말 멋진 일이다.

우리는 누구나 깊은 숲 속을 거닐 때 기분이 얼마나 좋아지는지 알고 있다. 아로마 향이 진하게 배어 있는 공기를 들이마시고 에너지를 온몸으로 흡수하면 기분이 상쾌해진다. 숲은 마법이 깃든 공간이기 때문에 그런 효과가 놀라울 것도 없다. 그렇다고 해서 아주 오래된 숲 속에서 몇 주씩 지내야만 자연의 긍정적인 영향을 받을 수 있는 것은 아니다. 어디에 있는 나무든 우리가 자신, 그리고 우리를 둘러싼 세상과의 소통을 재개하도록 도와줄 수 있는 힘을 지니고 있다.

계획

나무를 찾아서 그 주변을 거닐어보자.

나무가 많을수록, 오래되었을수록 좋다. 공해에 덜 오염되었으면 더 좋겠지만 어떤 나무든 환영이다. 일본에는 삼림욕을 즐길 수 있는 숲이 44개나 있다고 한다. 독자들이 살고 있는 곳에도 승인은 받지 않았더라도 자연의 혜택을 충분히 누릴 수 있는 숲이 분명히 있을 것이다. 인구 밀도가 높은 곳에도 나무는 있으니 나무를 찾아서 그 주위에서 시간을 보내라.

나무 근처에 있을 때 숨을 최대한 깊이 들이마셔서 폐를 맑은 공기로 가득 채워라. 그리고 마음이 얼마나 편안해지는지 느껴보자. 혹시 열정적인 환경보호 운동가라면 지금이 두 팔 벌려 나무를 끌어안고 나무껍질에서 나는 냄새를 들이마실 때다. 나무의 기운을 온몸으로 느껴보길 바란다. 만일 나무를 그 정도로 사랑하지는 않는다면 나무가 독자적으로 놀라운 생태계를 구성한다는 사실을 즐겨라. 나무 주변을 여유롭게 거닐다가 마음에 드는 곳을 발견하면 나무에 등을 대고 앉아라. 그리고 나무의 기운을 들이마셔라.

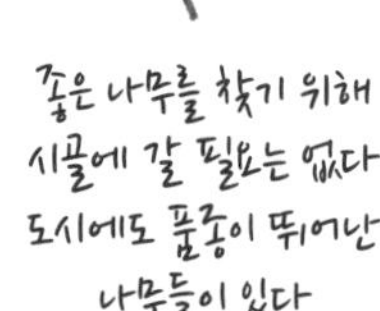

효과

나는 고민이 있거나 마음이 복잡할 때 숲 속을 거닐면 마음에 안정이 느껴진다. 오래된 세상에 둘러싸여 있으면 현대 세상에 대한 집착이 떨쳐진다. 지구의 상당 부분이 한때 나무로 뒤덮여 있었기 때문인지 숲에는 어딘가 원시적인 기운이 감돈다. 나무에 둘러싸여 있으면 몸의 에너지를 자연과 연동시킬 수 있고 우리보다 훨씬 큰 무엇인가와 연결된 느낌을 받는다. 나무는 우리를 세상과 연결해주는 피뢰침과 비슷한 역할을 한다.

나무와 친구처럼 지내면 정신이 더 자주 기민해지는 경험을 할 수 있다. 도시에도 품종이 뛰어난 나무들이 숨어 있다는 사실을 잊지 말고 찾아가서 아껴주자.

몸이 들려주는 이야기에 귀 기울이기

수백 년 전에는 사람들이 자신의 몸을 더 잘 이해했다. 몸이 들려주는 이야기를 열심히 들은 것이다. 우리의 몸은 날씨가 어떻게 변하고 있는지, 식단에서 무엇이 부족한지, 일을 멈출 때가 되었는지를 알려준다.

그런데 이제는 몸을 쓰는 일을 하는 사람이 옛날보다 줄어들었고, 냉수와 온수가 나오는 따뜻한 집에서 살다 보니 몸이 생존에 필요한 핵심적인 도구가 되는 경우도 줄어들었다. 그 결과 우리는 신체적인 에너지가 아니라 정신적인 에너지의 지배를 받게 되었다. 하지만 몸이 들려주는 이야기를 더 열심히 들으면 많은 것을 배울 수 있다.

몸과 소통이 더 잘되고 의식과 무의식의 균형이 맞으면 몸의 이야기에 귀를 기울여서 더 깊이 사고하고 더 넓은 우주와의 연결 고리를 이해하는 데 도움이 된다. 우리가 직관이라고 부르는 것이 바로 그것이다. 직관은 우리가 체내의 에너지를 통해 느끼는 감정이며, 우리는 직관을 지식이나 이해로 전환한다. 몸에 내재된 직관에 신경을 더 쓴다면 정신적으로 깨어나기가 더 쉬울 것이다.

문제가 생겨서 몸이 아플 때는 단순히 몸만 아픈 것이 아니다. 우리의 에너지 체계를 구성하는 다른 무엇인가도 균형을 잃은 것이다. 그럴 때 몸과의 소통을 통해 몸이 우리에게 어떤 이야기를 들려주고 있는지 물어보면 신체적인 증상을 일으키는 다른 문제가 있다는 사실을 알게 될지도 모른다. 예를 들면 직장에서 스트레스를 받을 때 감기에 걸리기가 훨씬 쉽다. 게다가 잘못하면 감기보다 훨씬 심각한 증상이 나타날 수도 있다.

나는 목에 통증을 지속적으로 심하게 느끼는 사람과 일해본 적이 있다. 물리치료, 마사지, 정골요법을 아무리 받아도 그녀의 통증은 가라앉지 않았다. 우리는 그녀의 마음을 불편하게 하는 일이 무엇인지 알아보기 위해 시간을 투자했고, 그녀가 고객으로부터 일감을 더 많이 받지 못한다는 사실에 분개하고 있다는 것을 알아냈다. 화가 어찌나 많이 났던지 고객들에게 분한 마음을 품고 있을 정도였다.

하지만 그녀가 생각을 달리하고 사랑을 더 많이 느끼도록 도왔더니 목의 통증이 씻은 듯이 사라졌다. 그녀의 목에 신체적인 문제가 있었던 것이 아니었던 것이다. 문제를 일으킨 것은 그녀의 생각이었다.

삶의 영역 중에서 불편한 곳을 공략하면 신체적인 증상이 없어지는 경우가 많다.

몸의 이야기에 귀를 기울이고 무엇을 배울 수 있는지 알아보자. 그 과정에서 새로운 의식에 눈을 뜨게 될 것이다.

체내시계에 따르기

생각해보기

우리의 하루하루는 시간의 지배를 받는다. 우리는 특정 한 시간에 일어나서 샤워를 하고, 옷을 입고, 아침 식사를 하고, 제시간에 목적지까지 간다.

시간이 우리를 지배하다 보니 우리는 하루를 어떻게 보낼 것인지 결정하는 데 애를 먹는 경우가 많다.
나는 책을 쓸 때 글을 쓰는 것 외에는 다른 할 일이 없는 환경을 만든다. 그러면 주위에 아무도 없고 누군가를 책임져야 할 필요도 없다. 그리고 외부 세상과 나 자신을 단절한다. 그다음에는 나에게 적합하게 느껴지는 리듬을 따라간다. 그러다 보면 생활 패턴이 평소에 일할 때와는 아주 다른 양상으로 전개된다. 나는 아침에 매우 일찍 일어나서 곧바로 글을 쓴다. 점심시간이 되면 내가 할 수 있는 일을 다 했다는 생각이 들고 아침에 머리를 쓴 만큼 오후에는 균형을 맞추기 위해서 신체적인 활동을 한다. 그러고 나서 말도 안 되게 이른 시간에 잠자리에 든다. 나는 매우 피곤하지만 행복한 기분으로 침대에 누워서 그날 있었던 일들을 돌아본다. 그런 생활 방식이 나에게는 리듬이 잘 맞으며, 하루를 그렇게 보낼 때 일이 가장 잘 되기도 한다.

계획

이번 주에는 체내시계를 살펴보고 시간을 최대한 효율적으로 활용할 수 있는 방법을 알아보자.

우리가 살면서 해야 하는 여러 가지 활동 중에는 정해진 시간에만 할 수 있는 것들이 있다. 일, 학교 수업, 집안 행사 같은 것들이다. 따라서 체내시계에 맞춰서 생활해보는 것은 방학이나 주말처럼 시간을 유연하게 이용할 수 있을 때 시도해보길 바란다.

여유 시간을 확보하고 나면 시간대와 활동의 종류에 따라서 생활 방식이 어떻게 달라지는지 관찰해보자. 음식을 먹을 때가 되었다고 느낄 때만 먹고, 그 순간에 필요한 에너지를 제공하는 음식만 먹어보자. 원할 때 잠을 자고, 필요할 때 운동해라. 이렇게 지내다 보면 계절에 따라서, 그리고 활동의 종류에 따라서 생활 리듬이 달라진다는 것을 알게 될 것이다. 새로운 리듬에 적응하는 데 시간이 며칠 걸리는 만큼 리듬이 자연스럽게 자리 잡을 때까지 흐름에 몸을 맡기길 바란다.

효과

현대인의 생활 방식이 우리에게 가장 자연스러운 삶의 방식인 것은 아니다. 주 5일 동안 일하는 풍토는 최근에 자리 잡았고, 역사적으로 살펴보면 잠을 하루에 한 번만 자는 것도 상대적으로 새로운 습관이다. 이미 자리 잡은 이런 습관을 타파하면 우리에게 더 잘 어울리는 생활 리듬을 찾게 될지도 모른다.

종종 뇌가 자각 없이 자동으로 돌아가는 것은 대체로 우리가 정신없이 살기 때문이고, 그렇게 정신없이 사는 것은 우리가 에너지 체계에 맞서 싸우기 때문이다. 체내시계와 더 조화롭게 생활한다면 정신이 기민해지고 깨어나기가 훨씬 쉬울 것이다.

시간을 항상 우리 마음대로 이용할 수는 없다. 하지만 더 효율적인 생활을 위해 체내시계를 제대로 맞춘다면 계획을 더 의식적으로 짤 수 있고 깨어 있는 생활을 더 자주 할 기회를 얻을 것이다.

스케줄이 탄력적이지 않다면
주말이나 휴일에 시도해보자

8천 원으로 하루 살기

생각해보기

이 책을 읽고 있는 독자들은 지구상에 있는 대부분의 사람들에 비해 놀랍도록 부유한 것이다. 더 나은 삶을 영위하기 위해서 의식적으로 더 깨어 있는 생활을 하는 것에 관심이 있다면 충분한 식량과 물, 그리고 마땅한 주거지를 찾는 일이 긴급한 문제가 아닐 것이기 때문이다.

다른 사람들이 매일같이 내리는 더 심각하고 어려운 결정이 남의 일처럼 느껴질 때가 있다. 우리는 그런 일을 겪지 않아도 될 만큼 운이 좋기 때문이다. 지겹도록 자주 접하게 되는 유명한 통계가 있다. 세계 인구의 1%가 부의 50%를 소유하고 있고, 인구의 95%가 매년 2700만 원 이하를 번다는 것이다. 또한 전 세계적으로 생산되는 식량의 최대 절반이 이동 중에 사라지거나 버려진다. 그중 4분의 1만 확보하더라도 굶주린 사람을 8억 7800만 명이나 먹일 수 있다. 우리는 다른 사람들이 어렵게 살아가고 있다는 사실은 알고 있다. 하지만 우리가 얼마나 잘 살고 있는지 의식하고 충분히 감사히 여기고 있을까? 하루 예산이 8천 원일 때 무엇을 먹고 마실 것인지, 또 꼭 필요한 곳에 돈을 쓰는 것인지 따져봐야 한다. 그리고 지출이 정말 특별한 일을 위한 것인지 아니면 단순히 욕구 충족을 위한 것인지도 생각해보자.

계획

우리는 오늘 단돈 8천 원으로 하루를 살아볼 것이다.

여기에는 당연히 대출금, 전기 요금, 통근 비용 등은 포함되지 않으며, 8천 원으로 하루 동안 살아남는 것이 우리의 과제다.
여기에는 물과 음식, 오락거리, 위생 용품이 전부 포함된다. 돈을 효율적으로 쓰기 위해서는 계획을 꼼꼼하게 짜야 하며, 이런 활동이 중요한 것에 초점을 맞추는 데 큰 도움이 될 것이다. 자가용을 이용하거나 버스비를 내는 대신 회의 장소까지 걸어가는 방법이 있고, 식사 준비를 할 때 1인분만 하기보다 한꺼번에 많은 양을 사서 얼려두면 돈을 아낄 수 있다. 그리고 친구들과 함께 집에서 노는 것이 시내에 나가서 풍성한 식사를 즐기는 것보다 비용 면에서 더 효율적일 것이다. 어떻게 해야 주어진 돈을 최대한 아껴 쓸 수 있을까?
단순히 그날의 활동량을 줄여서 목적을 쉽게 달성하는 사람도 있다. 그런 사람들은 8천 원으로 하루가 아니라 일주일을 살아보길 바란다.

효과

우리의 하루 예산인 8천 원이 큰돈처럼 느껴지지 않을지 몰라도 누군가에게는 분명 거금이다. 소비 기회가 제한되면 정해진 예산에 맞춰서 생활하기 위해 무엇이 중요하고 무엇이 중요하지 않은지 확실하게 이해해야 한다. 이 활동은 우리가 이미 소유하고 있는 것의 가치를 알 수 있는 좋은 기회가 될 것이다.

대부분의 경우 우리는 까다로운 결정을 내릴 때 부담을 적게 느끼는 편이다. 선택 사항이 많은 만큼 그 결정이 그렇게 중요하지 않다는 사실을 알고 있기 때문이다. 하지만 선택 사항에 제한이 생기고 결정을 내리기가 조금 더 괴로워진다면 우리가 누구인지, 그리고 어떻게 살아가는지 더 분명하게 인식할 수밖에 없다. 이런 과정을 거쳐서 정신적으로 깨어나는 것이 누군가에게는 마음 불편한 일일 수도 있지만 놀랍도록 자유로워지는 경험이 될 수도 있다.

돈이 많아서
부자인
사람이 있고...

···마음이
부자인
사람이 있다.

- 코코 샤넬

노래 만들기

생각해보기

익숙하지 않은 창의적인 도전은 우리의 관심을 독특한 방식으로 사로잡는다. 늘 하던 것만 계속하면 뇌도 계속 자동으로 작동하지만 새로운 것에 도전하고 자신을 더 분명하게 표현하기 위해 노력한다면 정신적으로 깨어날 수밖에 없다.

제약이나 규칙이 없고 지극히 개인적인 글쓰기는 우리가 기존과는 차원이 다른 집중력과 존재감을 발휘하게 하는 데 도움이 된다. 최고의 화가, 음악가, 무용수들은 본격적으로 집중할 수 있는 대단히 민감한 상태에 도달할 줄 안다. 이는 뇌가 우리의 의식적인 자각 없이 자동으로 돌아갈 때 느끼는 멍한 상태와는 완전히 다르다.

계획

이번 주 활동은 노래를 만들어보는 것이다.

우리는 누구나 창의력을 타고났으며, 나는 사람들의 내면에 놀라운 노래가 많이 숨어 있다고 생각한다. 내 아들 하비는 끊임없이 노래를 만든다. 올해 만 열 살인 하비는 우리가 노래를 만드는 일을 어렵게 여겨야 한다거나 그런 일은 재능을 타고난 사람에게 맡겨야 한다는 사실을 아직 배우지 못했다. 노래를 만들기 위해서 음악적인 재능이 필요한 것은 아니다. 그저 멜로디를 흥얼거리고 가사를 몇 마디 붙일 줄 알면 된다. 시작은 리듬, 가사, 반복되는 악절 등 그 무엇이어도 좋다. 우리는 재미를 느끼고 싶은 것이지 세금을 납부하려는 것이 아니다.

내 친구 중에는 실제로 작곡을 하는 이가 있다. 그는 언제나 간단한 아이디어로 시작해서 아이디어에 살을 점점 붙여나간다. 작업이 끝날 때쯤 되면 애초에 생각했던 아이디어는 버려졌을지도 모르지만 상관없다. 그 아이디어 덕분에 작업을 시작하게 되었다는 점이 중요하다. 만든 노래 중에는 웃기고 형편없는 것도 있겠지만 천재적인 면이 엿보이고 불렀을 때 영혼이 풍성해지는 느낌이 드는 것도 있을 것이다. 원한다면 노래를 휴대폰에 녹음하거나 사랑하는 사람에게 불러줘도 좋다.

효과

창의적인 활동은 음식과 물만큼이나 인간에게 반드시 필요한 요소다. 창의력은 억눌리는 경우는 많지만 절대로 사라지지 않는다. 부담 없는 프로젝트를 통해 창의적인 활동에 재미를 느낄 때 우리의 천재적인 면이 얼마나 멋진지 알 수 있고 반대로 일이 얼마나 틀어질 수 있는지도 알게 될 것이다.

실험은 삶의 연료나 마찬가지다. 우리가 알고 있는 안전한 일을 하기보다는 매일 새로운 것을 시험해보고 결과를 살펴봐야 한다. 창의적인 면을 자극하여 작은 실험을 해보면 정신적으로 깨어 있는 상태를 유지하고 인생을 아름답게 만들 수 있다.

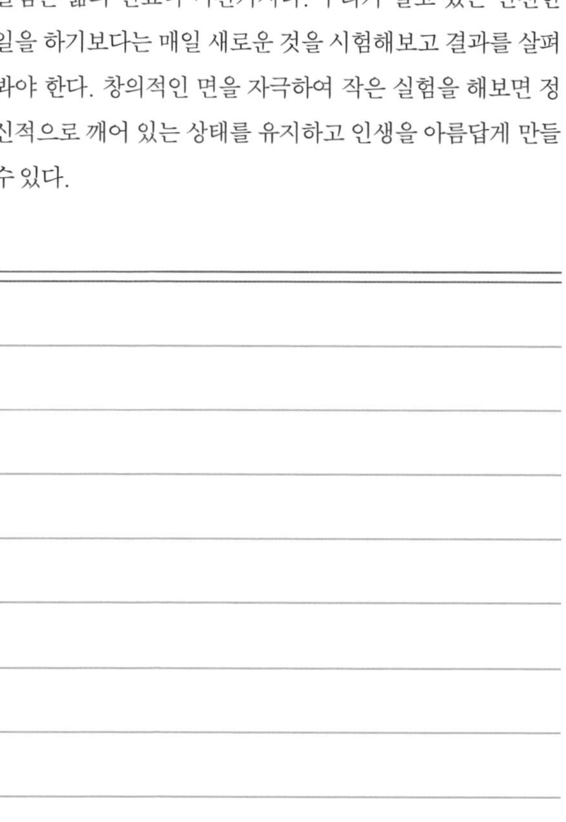

가사를 만들어서
여기에 적어보자

많이
움직이기

생각해보기

100년 전에는 인구의 10%만이 앉아서 일을 했다.

하지만 오늘날에는 인구의 90%가 주로 앉아서 일을 하는 탓에 이것이 우리의 건강과 에너지에 큰 문제가 되고 있다. 올해 흡연으로 인한 사망자보다 신체 활동이 적어서 생기는 질병으로 인한 사망자가 더 많을 정도다.
몸을 많이 움직이지 않으면 의식적인 뇌가 힘을 쓰지 못한다. 주로 앉아서 생활하는 방식을 무의식이 가장 편하게 여기기 때문이다. 따라서 깨어나고 싶다면 몸을 움직여라!

계획

이번 주에는 사무실에서든 집에서든 최대한 오랫동안 서서 일을 해보자.

나는 지금 이 책을 서서 쓰고 있는데 이런 방법이 에너지와 집중력에 정말로 도움이 된다고 생각한다. 내가 운영하는 회사 '어핑 유어 엘비스Upping Your Elvis'에서는 산책을 하면서 회의를 하는 경우가 많다. 그러면 회의가 훨씬 더 생산적이고 재미있어지며, 덤으로 다람쥐도 볼 수 있다.

신체의 움직임을 모니터하는 스마트워치가 너무 오랫동안 가만히 있는 것을 방지하는 데 도움이 된다고 느끼는 사람들도 있다. 그런 방법이 효과가 있다고 생각한다면 스마트워치를 이용해보자. 어떻게 해서든 책상 앞에 붙어 있는 대신 몸을 움직여야 한다.

효과

정기적으로 조금씩만 움직이더라도 의식적인 뇌가 활발하게 작동하는 데 도움이 된다. 우리는 사고를 할 때 운동감각을 통해 정보를 처리한다. 따라서 몸이 움직이고 있을 때 생각하기가 훨씬 쉽다. 내 사무실에는 서서 쓰는 책상이 있는데 그 책상은 내 일에 커다란 영향을 끼친다. 나는 생각하기 위해서 절대로 자리에 다시 앉지 않을 것이다. 서 있으면 피로, 긴장, 혼란, 우울한 기분이 줄어들고 활력, 에너지, 집중력, 행복은 늘어난다. 이런 요소들은 하루 중 깨어 있는 시간이 훨씬 쉽게 늘어나도록 해줄 것이다.

“예스”라고
말하기

생각해보기

우리는 살아가면서 무엇이 옳고 무엇이 그른지, 또 무엇이 적합하고 무엇이 부적합한지에 관해 내면의 지도를 만들기 시작한다. 이 지도는 우리의 무의식에 자리를 잡은 채 우리가 매일 수천 개의 결정을 자동으로 내리는 데 도움을 준다. 이는 상당히 효율적인 시스템이다. 우리가 매일 작은 결정을 일일이 의식적으로 내릴 필요가 없기 때문이다. 그저 기존에 내린 결정을 반복하기만 하면 되는 것이다.

이런 결정 방식의 위험성은 우리가 한 가지 방식에 너무 익숙해진다는 것에 있다. 그러다 보면 어제 만든 지도 때문에 오늘 새롭게 발견할 수 있는 좋은 기회를 알아보지 못할지도 모른다. 나는 청소년일 때 조지 콕크로프트George Cockcroft가 루크 라인하트Luke Rhinehart라는 필명으로 쓴 『주사위 남자The Dice Man』라는 책을 읽고 감명을 받았다. 이 책의 주인공은 주사위를 던져서 모든 결정을 내리고, 그 결정을 행동으로 옮긴다. 결정을 내릴 필요를 없앰으로써 주인공은 극적인 변화를 경험하고 결과적으로 살아 있다는 느낌을 더 강하게 받는다. 이런 방법은 극단적이고 현실 세계에서는 실용성이 떨어지지만 그런 설정에 담긴 통찰력은 뛰어나다.

계획

이번 주에는 평상시라면 "노"라고 대답했을 일에 "예스"라고 답해보자.

평소에 친하게 지내지 않았던 직장 동료들과 점심 식사를 하는 것처럼 간단한 일이어도 좋다. 아니면 평소처럼 극장을 그냥 지나치는 대신 극장에 들어가서 팝콘을 먹으며 조조 영화를 관람해도 된다. 또는 길고 피곤한 하루를 보낸 뒤 저녁 7시에 집에 돌아와서 자녀의 애절한 눈빛을 보고 산수 숙제를 도와주는 방법도 있다.

나는 경험상 "예스"라고 대답하기 가장 좋은 일은 내 안에서 강한 반응을 이끌어내는 것이라고 생각한다. 이때의 반응은 흥분, 놀라움, 긴장 또는 반항심일 수도 있다. 반응이 무엇이든 우리의 정신을 깨우기만 하면 된다.

효과

우리는 매일 여러 가지 기회를 접하지만 알아보지 못하는 기회도 많다. 하지만 평소와 달리 "노"가 아니라 "예스"라고 말한다면, 인생의 새로운 길이 열리고 결과적으로 더 의식적이고 깨어 있는 생활이 가능해진다.

언제나 "예스"보다는 "노"라고 대답하기가 쉽다. "노"라고 말하면 모든 것이 그대로 있지만 "예스"라고 대답하기 위해서는 열린 마음과 너그러움이 필요하기 때문이다. "예스"라고 말하는 것에는 위험부담이 따르고 노력이 필요하지만 "노"라고 말하는 것에는 위험부담이나 노력이 동반되지 않는다. 매일 작은 일에 "예스"라고 한 번만 더 말하는 것만으로도 가능성이 풍부한 세상과 교감할 수 있을지도 모른다. 그렇게 살다 보면 우리가 누구와 만나게 될지 어떻게 알겠는가?

〈"노"라고 말하기〉 챕터도 참고하길 바란다. (p.222 참조).

감정에 충실하기

생각해보기

직장에서 감정을 드러내면 "프로답지 못하다"라는 소리를 듣는다. 감정을 나타내는 것은 약점이며 약한 사람은 승리하지 못한다고 생각하는 사람들 때문에 그런 편견이 있는 것 같다. 하지만 그것은 말도 안 되는 소리다.

감정은 우리의 삶을 더 풍성해지게 한다. 또한 우리가 살아가는 세상에서 어떤 일이 벌어지고 있으며 우리가 주위 사람들과 어떻게 교감하는지 이해할 수 있도록 돕기도 한다. 감정을 억눌러서 마치 감정이 잘 통제된 것처럼 보이게 하는 21세기식 습관은 여러 사람을 힘들게 한다. 감정을 억누르는 행위는 미래에 폭발할 작은 지뢰밭을 만드는 것이나 마찬가지다. 지뢰는 우리가 생각하지도 못한 순간에 기습적으로 터질 것이다.
최근에 집에서 워크숍을 진행하고 있을 때 아래층 방에서 불이 난 적이 있었다. 아래층에 내려가서 살펴보니 불길이 맹렬하게 타오르고 있었다. 그것은 내가 살면서 본 가장 무서운 광경 중 하나였다. 다행히도 다른 방에 커다란 소화기가 있어, 나는 그것으로 큰불을 잡는 데 성공했다. 소방관들이 잔불을 끄기 위해 출동했고, 나는 워크숍을 마저 진행했다. 그때까지만 해도 모든 것이 괜찮은 것 같았다. 그 주에 집을 비웠던 아내가 4일 뒤에 돌아왔을 때 나는 워크숍을 마치고 나서 함께 앉아 그 주에 있었던 일에 대해 이야기를 나눴다. 그때야 나는 갑자기 감정이 북받쳐 올라 눈물이 줄줄 흘렀고 어깨가 덜덜 떨렸다. 불 속에서 느꼈던 괴로움과 공포가 억눌려 있다가 아내가 집에 돌아오자 마음이 안정되면서 감정이 폭발한 것이다.
감정은 곧바로 받아들이지 않으면 나중에 우리를 신체적, 정신적, 감정적, 영적으로 괴롭힌다. 따라서 감정을 바로바로 드

러내고 그 과정을 즐길 줄 알아야 한다.
울음이 나온다고 사과하지 말자. 이런 감정이 없으면 우리는 로봇에 불과할 뿐이다.
엘리자베스 길버트 Elizabeth Gilbert**의 말처럼 "먹고, 기도하고, 사랑해라".**

계획

이번 주에는 주목할 만한 감정(즉, 관심이 가는 감정)이 느껴지면 억누르는 대신 마음껏 드러내고 그 감정을 충분히 느껴보자.
편하게 여기는 장소를 찾아서 눈을 감고 심호흡을 해보자. 그리고 최선을 다해 감정을 느껴보자. 행복한 감정이 느껴지면 미소가 자연스럽게 지어진다는 사실을 알게 될 것이다. 반대로 슬픈 감정이 느껴지면 눈에 자연스럽게 눈물이 맺힐 것이다. 제대로 우는 것은 우리에게 도움이 되며 부끄러워할 일이 아니다.
어떻게 해서든 감정을 표현하기 위해 노력하고, 어떤 느낌이 드는지 살펴보자. 하지만 주의해야 할 점도 있다. 주위에 다른 사람들이 있으면 그들은 우리가 감정을 표현하는 것을 좋아하지 않을지도 모른다는 점을 명심해야 한다. 스스로 감정을 드러내는 것을 불편해하는 사람이 많기 때문이다.
기술을 마스터했다고 느낄 때까지 혼자서 실컷 웃거나 울어보자. 그리고 나면 그 감정을 다른 사람과 함께 즐길 수 있을 것이다.

효과

그 순간에 느껴지는 감정을 곧바로 받아들이면 자신뿐만 아니라 일어나고 있는 일도 훨씬 더 가깝게 느껴질 것이다. 긍정적인 감정을 완전히 받아들이면 감정이 커지고, 부정적인 감정을 완전히 받아들이면 감정이 결국에는 소멸되고 우리를 자유롭게 해준다. 감정을 제대로 느끼면 마음이 차분해지고, 그 순간에 더 분명하게 존재하고 더 깨어 있는 생활을 하는 데도 도움이 될 것이다. 그러니까 감정을 마음껏 드러내고 깨어나라!

빵과 유제품 끊기

생각해보기

서양식 식단에는 사람들이 거의 의문을 품지 않는 필수적인 식품이 몇 가지 있는데 그중에서 가장 흔한 것이 아마도 빵과 유제품일 것이다. 미국과 유럽에서는 가정의 99%가 빵과 유제품을 매주 구입하고 매일 먹는다.

소의 우유는 송아지를 위한 것이다. 소의 소화 체계는 인간의 것과는 차이가 크기 때문에 우리의 몸은 유제품을 소화하는 데 애를 먹는다. 그런데도 우리가 유제품을 사는 이유는 부분적으로는 대량생산과 마케팅에 관여하는 사람들 때문이다. 그들은 유제품을 섭취하는 것이 뼈와 이의 건강에 필수적인 칼슘을 섭취하는 가장 손쉬운 방법이라고 말한다. 하지만 브로콜리, 근대, 케일, 아몬드, 무화과와 같은 식물성 식품이 유제품보다 칼슘 섭취에 더 큰 도움이 된다. 빵도 마찬가지다. 빵 산업은 우리의 몸에 필요한 영양소가 담긴 통밀가루, 물, 소금을 이용하여 손으로 직접 빵을 만들던 시절에 비해 몰라볼 만큼 달라졌다. 그렇다고 해서 빵과 유제품을 절대로 먹지 말라는 말은 아니다. 하지만 너무 많이 먹으면 우리의 체내 에너지에 악영향을 미친다는 점을 기억해두자.

계획

4일 동안 식단에서 유제품과 빵을 제외하자. 아주 간단한 계획이다.

샌드위치, 카푸치노, 포카치아focaccia(이탈리아 빵의 일종—옮긴이), 피자, 요구르트, 토스트 모두 안 된다. 굳이 여기에 일일이 나열하지 않아도 어떤 식품이 안 되는지 알 것이다. 4일 동안 그런 식품은 입에 대지 말자!

어떤 사람들에게는 이 활동이 견디기 어려울 만큼 힘들게 느껴질지도 모르겠지만 걱정할 필요는 전혀 없다. 실제로 해보면 생각만큼 힘든 일이 아니다. 게다가 노력은 약간 필요하겠지만 빵이나 유제품이 아니더라도 우리 몸에 영양을 충분히 공급해주는 음식을 찾을 수 있을 것이다. 나의 경우에는 신선한 채소와 과일 샐러드를 빵이나 유제품보다 훨씬 많이 먹는다. 배가 특별히 많이 고플 때는 쌀이 들어간 요리나 면을 먹으면 도움이 된다. 수프와 스튜는 토스트로 만든 샌드위치보다 먹고 나서 속이 더 편할 것이다. 그리고 견과류를 들고 다니다가 체력이 조금 떨어진다 싶을 때 먹으면 좋다. 그래야 제대로 된 음식을 파는 곳을 찾을 때까지 견딜 수 있을 것이다.

효과

나는 이 활동을 처음 시도했을 때 내가 빵과 유제품을 얼마나 많이 먹는지 알고는 깜짝 놀랐다. 그리고 그런 사실을 여태까지 몰랐다는 점에 더욱 놀랐다. 나는 유럽을 여행하면서 빵을 안 먹는 일이 대단히 어려웠다. 특히 이탈리아와 프랑스처럼 급하게 먹을 수 있는 음식이 전통적으로 하얗고 밀가루가 들어간 것인 나라의 경우 더 힘들었다.

하지만 빵과 유제품을 식단에서 제외하고 나니 에너지가 더 생기고 내 몸과 더 긴밀하게 연결된 느낌을 받을 수 있었다. 그 후에 나는 빵을 다시 일주일에 한 번 정도 조금 먹기 시작했지만 대량생산된 빵 대신 지역에서 스펠트spelt밀로 만든 사워도우sourdough 빵을 선택했다. 유제품의 경우에는 우유가 나와 전혀 맞지 않는 것 같아서 조금도 마시지 않는다. 하지만 고약한 냄새가 나는 치즈는 가끔 먹으면 영혼이 차오르는 느낌이 들어서 몸도 치즈에는 딱히 신경 쓰지 않는다.

빵과 유제품을 끊어보고 자신의 몸에 대해서 무엇을 알게 되었는지 살펴보자.

다른 사람 되어보기

생각해보기

우리가 생각하는 자신의 모습이 우리가 이루게 될 모습이다. 인생을 살면서 겪는 풍부한 경험이 우리가 잠재적으로 어떤 사람이 될 것인지에 관해 통찰력을 제공한다.

우리가 그런 경험을 해석하는 방식이 우리의 정체성과 스스로를 보는 방식을 좌우한다. 주위 사람들에게서 끊임없이 피드백을 받으며 인생을 살지 않는 한 자신이 누구인지 진정으로 인식하기란 불가능하다. 설령 피드백을 받더라도 인식이 뒤틀릴 수밖에 없다.
정체성이 완전히 고정된 사람은 아무도 없다. 우리는 누구나 인간 카멜레온처럼 환경에 따라서 행동 양식을 능숙하게 바꾼다. 거기에 우리가 살아가고, 성장하고, 성격을 시험해보면서 끊임없이 진화하고 있다는 사실을 더하면 우리의 본모습이 무엇인지 착각하기가 대단히 쉽다. 우리가 젤리처럼 언제든지 다양한 모습을 보일 수 있다면, 우리가 생각하는 우리 자신의 경계를 넓혀보면 어떨까?

계획

오늘, 다른 사람이 되어보자.

어떤 사람이 되고 싶은지 곰곰이 생각해보자. 최고의 캐릭터는 우리에게 무엇인가를 줄 수 있는 인물이다. 어쩌면 장난기, 극적인 면, 화려한 면이 조금 더 있는 캐릭터를 원하거나 '누가 뭐라고 하든 신경 안 써'라고 생각하는 캐릭터를 원할지도 모른다. 어떤 캐릭터든 우리에게 쾌감을 준다면 놀이에 이용할 만하다.

이때의 캐릭터는 영화나 책에서 본 가상의 인물이어도 좋고 과거에 알았던 인물이어도 좋다.

머릿속으로 여러 가지 시나리오를 떠올리면서 그들의 인생이 어떨지, 그리고 그들이 세상에 어떻게 반응할지 상상해보자. 그들은 어떻게 행동할까? 옷은 어떻게 입을까? 무엇을 먹고 마시길 좋아할까? 그들이 가장 즐겨 사용하는 표현은 무엇일까? 무대에 오르기 전에 그들의 삶 속으로 침투하여 연기를 준비하자.

연기를 오랫동안 이어가기는 어려울지도 모른다. 그럴 때는 하루 중 특정한 시간을 선택하여 그 사람이 되어보는 방법이 있다. 출근길이 시험해보기에 좋은 시간일 수도 있고, 쇼핑이나 점심 식사를 하러 갈 때가 좋을 수도 있다. 캐릭터가 본인과 잘 어울린다는 생각이 들면 좀 더 오래 연기해보고 어떤 일이 벌어지는지 살펴보자.

효과

우리의 성격은 고정된 것이 아니다. 우리의 본모습과 우리가 스스로의 모습을 보여주는 방식은 변하기 마련이다. 그런데도 우리는 몸속에 갇혀 있는 느낌이 들 때가 많다.
다양한 성격을 시험해보면 관심을 충분히 주지 못했던 우리의 성격적인 측면을 알아낼 수도 있다. 그동안 그런 면에 소홀했기 때문에 우리가 빛을 조금 잃어버렸는지도 모른다. 하지만 숨겨져 있던 그런 면을 앞으로 끌어내고 귀하게 여긴다면 살아 있다는 느낌이 더 강하게 들고 우리의 진정한 모습에 눈을 뜨게 될 것이다.
연기를 하고 있을 때는 자신에 관해서 심각하게 생각하기 어렵다. 따라서 우리의 캐릭터를 확장할 수 있다는 사실을 즐기고, 모든 일에 개성을 조금 더 담아보자.

글쓰기

생각해보기

삶의 속도가 너무 빠르면 그동안 일어난 일을 돌아볼 시간이 부족해진다. 하지만 겪은 일을 돌아봐야만 그것을 충분히 이해할 수 있다. 그럴 시간과 공간이 없으면 인식이 뒤틀리고 자신의 인생과의 연결 고리도 더 희미하게 느껴진다.

글을 쓰면 머릿속의 잡음이 어느 정도 사라지고 뇌의 가동 속도가 느려지면서 우리가 적어나가는 일과의 관계에 변화가 생긴다. 머릿속으로 막연하게 생각할 때와 달리 그 일을 글로 옮기면 우리의 시각이 달라진다. 그러한 분리 작업은 우리가 생각을 주체적으로 할 수 있게 하는 데 그 어떤 방법보다도 탁월한 효과가 있다.

계획

이번 주에는 아침마다 짬을 내서 글을 써보자.

글은 일어나자마자 쓰는 것이 가장 좋다. 눈을 막 떴을 때 머리가 맑고 창의적인 생각이 더 많이 나기 때문이다. 형식에 얽매이지 말고 편하게 쓰면 된다. 문법이나 문장구조에 관해서 걱정할 필요는 없다. 종이와 펜, 그리고 생각하기 좋은 조용한 장소만 있으면 된다. 침대는 글을 쓰기에 편안하고 좋은 장소다. 전날 밤에 펜과 종이를 미리 준비해두었다가 일어나자마자 쓰는 것이 가장 좋다. 그 순간에 온전히 존재할 수 있도록 눈을 감고 심호흡을 해보자. 그리고 머릿속에 떠오르는 대로 부담 없이 적어보자.

말을 골라서 적지 말고 생각이 흐르는 대로 적으면 된다. 그러다 보면 말이 안 되는 내용을 쓰게 될지도 모른다. 사실이 아니거나 바보 같은 말을 적게 되더라도 걱정하지 마라. 그냥 계속해서 써 내려가자.

10분 동안 쉼 없이 쓰고 나서 펜을 잠깐 내려놓자. 원한다면 적어놓은 내용을 읽어봐도 좋다. 하지만 글의 질을 평가하지는 마라. 우리가 프루스트M. Proust처럼 위대한 작가가 되려는 것이 아니니 편한 마음으로 자신의 글에 대해서 곰곰이 생각해보자.

효과

이 아름다운 세상에서 자신에게 일어나는 일에 관해 곰곰이 생각해볼 시간을 내고, 남에게 비판받지 않을 방식으로 스스로를 표현할 기회를 마련하면, 머리가 더 맑아지고 현실감이 더 강하게 느껴지며 더 위험한 모습을 드러낼 것이다. 내가 '위험하다'라고 말하는 이유는 우리가 아직 불이 붙지 않은 아름다운 불과 같다고 생각하기 때문이다. 아직 피우지 못한 불은 멋져 보이고 훌륭한 잠재력이 있지만 별 쓸모는 없다. 더 명확한 사고는 강점이 되며, 그런 강점은 우리가 훨씬 더 빛나 보이는 데 도움이 된다.

자신의 본모습을 살펴보는 일은 우리가 매일 불을 지피는 것을 도와줄 불쏘시개와 같은 역할을 한다. 우리가 가장 급해 보이는 일이 아니라 가장 중요한 일에 시간과 관심을 집중할 수 있게 해주는 것이다. 또한 무의식의 이야기에 귀를 기울이고 무의식이 건네주는 창의적인 아이디어를 활용하면 새롭고 혁신적인 방법으로 인생의 다양한 면을 탐구하기가 더 쉬워질 것이다.

잃어버린 시간 되찾기

생각해보기

나를 찾는 고객 중 너무 많은 사람이 자신의 시간에 대한 통제권이 전혀 없는 것처럼 보인다. 문제는 시간을 다른 사람과 공유하면서 발생한다. 공유하는 방식이 잘못된 것이다.

자신의 시간을 통제하지 못하면 인생도 통제하지 못한다. 그러면 의식적인 뇌의 가동을 멈추고 무의식적으로 살아가기가 쉽다. 이 회의에서 저 회의로 정신없이 옮겨 가면서 그중 어떤 것에도 책임을 지지 않아도 되는 것이다. 이렇게 살아가는 것은 시간이 빨리 지나가게 할 수 있는 편한 방법이다. 하지만 정신적으로 깨어나서 더 멋진 인생을 살 수 있는 방법은 아니다.

계획

이번 주에는 매일 시간을 조금씩 되찾아오자.

이를 위해서는 회의를 취소하거나 가짜 회의를 만들어내야 할지도 모른다. 또한 친구들에게 아이들을 학교에서 대신 픽업해달라고 부탁해야 할 수도 있다. 아니면 이번 주에는 집안이 먼지 한 톨 없을 정도로 깔끔할 필요는 없을 것이라고 결정하거나 목요일이니까 청소를 조금 대충 해도 괜찮다고 자신을 설득할 수도 있다. 만일 비즈니스 회의가 잡혀 있다면 그 전에 감기 기운이 있는 척을 하고 모두에게 감기를 옮길지도 모르니 참석하지 못할 것 같다고 전해라.
창의력을 발휘하여 스스로를 위한 시간을 마련해보자.
이 활동이 성공적이기 위해서는 힘들게 마련한 시간을 자신이 아닌 다른 곳에 쓰지 말아야 한다. 그 시간에 무엇을 하든 상관없다. 자신에게 기쁨을 주거나 자신의 본모습, 그리고 세상과의 연결 고리를 더 튼튼하게 만들어주는 일을 선택하면 된다. 시간을 다시 빼앗기면 힘들게 훔친 의미가 없다. 그러니까 시간을 빼앗기지 말고 온전히 자신의 것으로 만들어라. 그리고 그 시간이 선물하는 자유와 여유를 마음껏 즐겨라.

효과

시간을 어떻게 이용할 것인지 보다 의식적으로 결정하면 자각 없는 자동적인 생활에서 한결 깨어난 생활로 자연스럽게 옮겨 갈 수 있는 여지가 생긴다. 이런 활동을 일주일만 해보더라도 우리의 시간 중 얼마나 많은 부분이 저절로 채워지고 있으며 결과적으로 얼마나 많은 시간이 낭비되는지 알게 될 것이다. 꼭 필요한 일에만 시간을 할애하고, 시간을 써야 할 일이 생기면 그 일에 시간과 관심을 충분히 들여라. 그러면 매일 조금씩 더 깨어나는 자신의 모습을 발견할 수 있을 것이다.

음악에 취하기

1990년대에 알프 가브리엘손Alf Gabrielsson이라는 심리학자는 '음악과 관련된 강한 경험담'을 수집했다. 그중 하나를 소개하려고 한다.

"나는 커다란 따뜻함과 열기에 둘러싸였고, 공기 중으로 쏟아져 나오는 음표를 실제로 삼켰다. 음악에 목이 말랐던 나는 단 하나의 음표, 음향 효과, 시퀀스도 놓치지 않았다. 나는 각각의 악기와 악기가 전달하는 메시지에 매료되었다. 음악 외에 다른 것은 존재하지 않는 것 같았다! 나는 춤을 추고, 빙글빙글 돌고, 음악과 리듬에 몸을 맡겼다. 기쁨이 넘쳤고 웃음이 절로 났다. 이상하게도 눈물까지 났다. 그 전에는 나는 상태가 아주 좋지 않았고, 우울한 기분이 자주 들었다. 그 당시에 나는 인생에서 가장 어려운 시기를 보내고 있었다. 사람들과 어울리기도 힘들었고, 어떤 일에든 대처하기 위해서는 정말이지 기운을 쥐어짜야 했다. 하지만 음악에 취한 후에는 활기가 넘치고, 웃음이 나고, 활발해지고, 깊은 기쁨을 느꼈다. 그런 변화가 매우 당혹스러웠고, 거의 구원받은 것 같은 느낌이 들었다."

정말 강렬한 경험이다.

음악에 빠지기

생각해보기

음악은 우리의 감정에 큰 영향을 미친다. 음악은 뇌의 리듬을 맞추기 때문에 감정에 직접적인 영향을 줄 수 있다. 우리가 잘 알고 좋아하는 음악을 들을 때면 뇌에서 도파민이 분비된다. 그래서 마치 아편을 피운 것처럼 기분이 좋아지는 것이다.

밥 말리Bob Marley는 음악의 힘을 아주 잘 이해한 사람이었다. 그는 이런 말을 했다. "음악의 좋은 점 한 가지는 음악을 들으면 고통이 느껴지지 않는다는 것이다." 음악은 좋은 치료제다. 뿐만 아니라 음악을 들으면 음파가 몸속의 모든 세포에 작용하여 그 곡의 리듬과 멜로디에 맞춰 전신 마사지를 받는 것과 비슷한 효과를 준다. 음악은 다른 무엇과도 비교할 수 없을 만큼 우리가 멋진 여행을 하도록 해준다. 하지만 우리는 음악을 완전히 즐기지 못하고 음악이 우리를 스쳐 가게 내버려 두는 경우가 너무나 많다. 음악이 우리가 완전히 빠져드는 대상이 아니라 배경의 일부로 전락하는 것이다.

계획

4일 동안 자신에게 의미 있는 음악을 한 곡 고르고, 그 곡을 충분히 즐길 수 있는 곳에 자리를 잡고 앉자. 방해가 될 만한 요인은 모두 없애고 최대한 좋은 음질로 음악을 들어보자. 그러고는 음악이 우리를 신체적, 정신적, 감정적, 영적으로 어디로 데려가는지 살펴보면 된다. 음파가 우리를 둘러싸는 느낌을 즐기고 모든 것을 내려놓아라. 내가 가장 좋아하는 음악은 깊은 감정적인 반응을 이끌어낸다. 나를 특정한 시간과 장소로 데려가는 음악도 있다. 음악을 듣고 있으면 그 순간이 나의 일상적인 경험을 넘어설 만큼 확장된다. 하지만 내가 대체로 음악을 좋아하는 이유는 음악과 함께 떠나는 여행이 좋기 때문이다. 내가 조용한 방에 혼자 앉아서 눈을 감고 알맞은 음량으로 들을 때 즐길 수 있는 곡이라면 그 곡이 나를 마법처럼 감동시킬 것이라는 사실을 알 수 있다. 독자들도 바로 그런 곡을 찾아서 취해보길 바란다. 나는 요즘 수프얀 스티븐스Sufjan Stevens의 음악에 흠뻑 빠져 있다. 「캐리 앤드 로웰Carrie & Lowell」을 틀어놓고 음악에 취하는 것이다.

효과

음악은 대체로 우리의 감정을 통제하는 데 쓰인다. 기분이 나쁠 때 음악을 들으면 기분이 나아지거나 음악에 빠질 수 있다. 음악은 우리가 느끼는 감정을 극대화하기도 하고 반대로 특정한 감정이 사그라들게 하는 데도 도움이 된다. 음악이 우리를 어디로 데려가든 우리가 느끼는 감정에 극적인 변화를 줄 수 있다.

음악적인 경험을 온전히 즐기다 보면 감정적으로 예민해지고 상상력이 풍부해지는 것을 느낄 수 있다. 이런 상태는 의식적으로 깨어 있는 상태로 돌아가는 데 도움이 되고 잠시나마 바쁜 세상을 잊을 수 있게 해준다. 음악을 5분만 들어도 스파 시설에 1시간 있었던 것처럼 활기를 되찾을 수 있다. 또한 음악을 들으면 오늘이 어떤 날이 되길 원하는지 더 명확하게 이해하고, 빛나는 경험을 더 많이 할 준비를 갖추게 될 것이다.

차 한 잔 타기

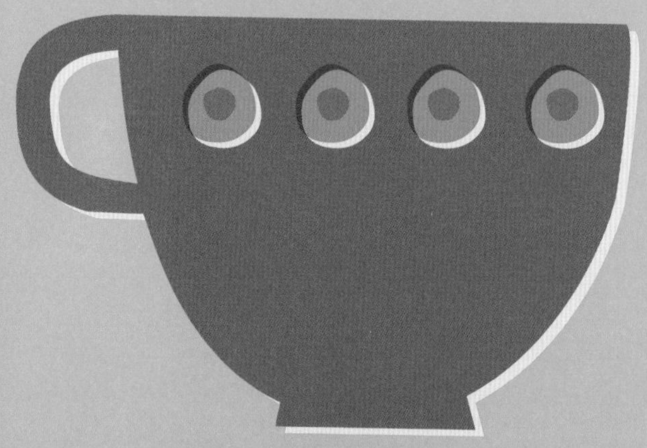

생각해보기

친구에게 그 순간에 제대로 존재하기 위한 좋은 팁이 있는지 물어본 적이 있다. 그랬더니 이런 대답이 돌아왔다. "설거지를 할 때는 설거지만 해."

친구가 하려던 말은 우리가 단순노동을 할 때 상상과 추측의 세계에 빠지는 경우가 많다는 것이다. 즉, 현재를 사는 대신 미래를 상상하거나 과거를 돌아보는 것이다. 우리는 다음 주에 무엇을 할 것인지 또는 상사에게 이번 주 보고서를 어떻게 처리하라고 알려주었어야 하는지 상상하기 좋아한다. 그 순간에는 무의식이 지배하고 있기 때문에 우리가 깨어 있다거나 현실을 자각하고 있다고 볼 수 없다.

계획

이제 매우 간단한 활동을 최대한 집중하고 의식해가면서 해보려고 한다. 그 활동은 차를 한 잔 타는 것이다. 실론, 얼그레이, 홍차, 녹차, 국화차를 타도 좋고, 좋아하는 다른 차를 타도 좋다. 그저 차를 타는 순간에 집중해보자.
팔이 수도꼭지를 향해서 어떻게 움직이는지 살펴보자.

수도꼭지를 튼다.
물이 흐른다.
주전자에 물을 담는다.
수도꼭지를 잠근다.
전기 주전자의 스위치를 켠다. (아니면 가스 불을 켠다.)
찬장으로 가서 문을 연다.
찻잔을 골라서 주전자 앞으로 들고 간다.
주전자 안의 물이 끓는다.
손가락으로 티백을 집어서 찻잔에 넣는다.
물을 따르고 차가 우러나는 모습을 지켜보는데, 필요한 만큼 오래 티백을 담가둔다.
티백을 조심스럽게 꺼내고, 원한다면 우유나 레몬을 넣는다. (설탕은 넣지 않는 것이 좋다.)
차가 완성되었다.
찻잔을 들기 전에 방금 한 일에 대해서 생각해본다.
현재에 집중하고 가능한 한 힘을 적게 들여서 찻잔을 든다. 발이 땅에 닿아 있는 것을 느끼고, 어깨의 긴장을 풀고, 미소를 짓는다.
차를 음미한다.
이 차가 처음이자 마지막 차인 것처럼 마신다.

살아가면서 이 과정을 필요할 때마다 반복한다.

효과

습관적인 행동을 할 때도 완전히 깨어 있고 그것을 의식할 수 있다면 하루를 보내면서 그 순간에 집중하는 시간이 늘어나도록 뇌를 재훈련시킬 수 있다.
어떤 활동을 하든 집중력을 최대한으로 발휘하면 그것이 삶을 풍요롭게 하는 경험이 될 수 있다. 따라서 번거롭게 느껴지는 다른 여러 가지 활동을 이용해서도 실험을 해보자. 그리고 그런 활동을 통해 우리가 누구인지 기억하는 데 도움을 받을 수 있는지 알아보자. 미래를 상상하고 과거를 다시 체험하면서 살면 현재에 집중하지 못하고 무의식에 의지할 수밖에 없다. 우리는 지루하게 느껴지는 일을 하면서도 깨어 있는 방법을 배워야 한다. 그래야만 정말 중요한 일을 할 때 훨씬 쉽게 깨어날 수 있다.

어떤 차가
맛이 좋을까?

나의
좋은 점과 싫은 점

생각해보기

우리는 대체로 자신을 심하게 비판하는 경우가 많으며, 머릿속에서 들리는 작은 목소리에도 귀를 너무 많이 기울인다. 우리가 왜 완벽하지 않은지, 충분히 예쁘거나 잘생기지 않았는지, 똑똑하거나 착하지 않은지, 건강하거나 웃기지 않은지 항상 이유가 있는 것이다. 우리는 그런 주장을 뒷받침할 근거를 찾기 위해 평생을 보낼 수도 있다. 열심히 살펴보면 당연히 근거를 찾을 수 있을 것이다.

그러나 그런 인생은 바람직하지 않다. 그렇게 살면 무의식이 우리의 삶을 주도하게 되는데 무의식은 자연적으로 부정 편향을 보이기 때문에 부정적인 것만 보게 된다. 이것은 생존 기술의 하나로서 발전했지만 알다시피 현대사회에서는 모든 것에서 위험 요소를 발견하는 기술은 더 이상 유용하지 않다.

나는 수년 전에 혼자 멕시코로 휴가를 떠난 적이 있었다. 그 당시는 내 인생에서 중요한 시기였기 때문에 내가 누구인지, 그리고 어떤 사람이 되고 싶은지 생각하기 위해서 시간을 낸 것이다. 그렇게 고심을 하면서 깨달은 것이 있었다. 그 순간에 온전히 존재하고 세상과 연결된 느낌을 받기 위해서는 나의 좋은 점뿐만 아니라 나쁜 점도 받아들여야 한다는 것이었다.

계획

다음 페이지의 남는 공간에 내가 좋아하는 나의 모습들을 적어보자. 이 작업을 최대한 즐기길 바란다. 우리가 가지고 있는 다양한 면은 고유하고 특별하며 우리의 본모습을 구성한다.
다 적고 나면 그 옆에 내가 싫어하는 나의 모습들을 적어보자. 솔직하게 독설을 퍼부어라. 누구나 자신에 관해 좋아하지 않는 면이 있으니 사실대로 적으면 된다.
두 목록을 모두 완성하면 한참 들여다보고 내용을 흡수해라. 시간이 좀 걸릴지도 모르겠지만 도전 과제는 두 목록에 적힌 자신의 모든 면을 사랑하는 방법을 배우고, 좋든 나쁘든 그런 여러 가지 면이 모여서 나를 만든다는 사실을 이해하는 것이다. 시간이 흐르면서 내가 진행하는 워크숍에서는 이 과정이 '내 엉덩이 사랑하기'라는 별칭으로 불렸다. 순전히 나의 타고난 유치한 유머 감각 때문이었다. (이것 역시 나의 단점 중 한 가지다.) 그 이름은 매번 나를 웃게 만들고, 그 덕택에 나의 장단점을 수용하는 과정이 더 빨라진다. 무엇이라고 부르든 이 활동을 재미있게 유지하자.

효과

우리의 어두운 면을 받아들이고 약점 역시 우리의 일부라는 사실을 알아차리면 머릿속에서 나쁜 말을 속삭이는 목소리가 한결 조용해지고 우리가 더 밝게 빛날 기회가 생길 것이다. 자신을 사랑하면 인생과의 연결 고리가 튼튼해지는 만큼 더 의식적이고 더 깨어 있는 생활을 할 수밖에 없다. 우리 중 대부분은 이 활동을 끊임없이 반복해야 할 것이다. 하지만 이런 연습은 우리를 진정으로 자유롭게 해주기 때문에 그럴 만한 가치가 충분하다.

받아들일 수 있을 때 비로소 행복이 존재한다.

—조지 오웰George Orwell

내가 좋아하는 나의 모습

내가 싫어하는 나의 모습

일출과 일몰

생각해보기

인간이 자급자족해서 생계를 유지하고 풍작을 위해서 날씨에 의지해야 했던 시절에는 인간과 지구 사이의 유대감이 더 강했다. 우리의 미래가 지구와 직접적인 연관이 있었기 때문이다. 우리의 선조들은 해가 뜰 때 일어나고 해가 질 때 잠자리에 들었으며, 계절의 변화에 맞춰서 생활을 조정했다.

놀랍게도 프랑스의 일부 지역에서는 사람도 겨울잠을 잤다. 이것이 불과 200년도 채 안 된 일이다. 사람들이 지구가 태양 주위를 도는 움직임에 따라 생활 패턴을 바꾼 것이다.
하지만 요즈음에는 세상과 동떨어진 생활을 하기가 너무나 쉽다. 날씨와 관계없이 편안한 생활을 할 수 있고, 밖이 어둡더라도 인공적으로 조명을 켤 수 있다. 바깥에서 어떤 일이 벌어지든 상관없이 존재할 수 있는 것이다. 이렇게 자연과 동떨어진 삶을 살면 매일 창문 너머로 발견할 수 있는 경이롭고 감탄스러운 순간들을 놓치고 만다. 이런 멋진 것들을 다시 발견할 수 있다면 정신적으로 깨어날 기회가 생긴다.

계획

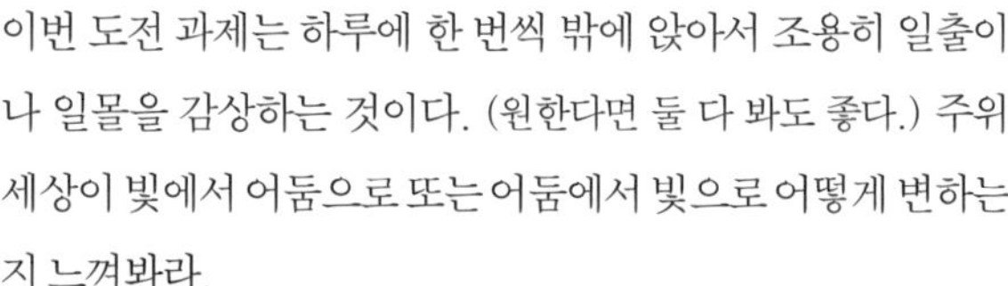

이번 도전 과제는 하루에 한 번씩 밖에 앉아서 조용히 일출이나 일몰을 감상하는 것이다. (원한다면 둘 다 봐도 좋다.) 주위 세상이 빛에서 어둠으로 또는 어둠에서 빛으로 어떻게 변하는지 느껴봐라.

서두르지 말고 매일 끊임없이 일어나는 장관을 느긋하게 즐겨라. 일출과 일몰은 우리의 인생에서 변하지 않고 계속되는 것이며 우리를 둘러싼 일들의 영향을 받지도 않는다. 시간이나 조수와 마찬가지로 적어도 현재까지는 우리가 의지할 수 있는 것이다. 우리는 좀처럼 하던 일을 멈추고 밤이 낮으로 바뀌거나 낮이 밤으로 바뀌는 광경을 충분히 즐기지 않는다. 하지만 일출과 일몰은 지구가 돌아가는 기본적인 원리의 일부다.

일출이나 일몰을 보면서 더 큰 그림을 떠올려 보자
우리는 재능을 최대한 활용하면서 살아가고 있는가?

효과

일출과 일몰이 지구의 공전과 자전에 의해 일어난다는 점을 생각해보면 우리가 우주에서 차지하는 위치에 대해서도 생각해볼 수 있다.

우리는 바람에 실려 돌아다니는 먼지나 다름없지만 모든 것이 정교하게 조화를 이루는 아름답고 경이로운 곳에서 살고 있다. 행성의 대기가 인간 같은 생명체의 생명을 유지해주고 이렇게 번성하게 해줄 확률은 극히 낮다. 이런 사실을 떠올려 보니 우리가 어떻게 살아가고 있는지 생각해보게 된다. 우리는 정말 주어진 재능을 최대한 활용하고 있는 것일까?

이런 시각은 우리가 아무 생각 없이 무의식적으로 살아가려는 유혹에 저항할 힘을 준다. 그리고 우리가 이 멋진 인생에서 최대한 많은 것을 이끌어내기 위해서는 깨어나야 한다는 사실을 상기시켜준다.

일출과 일몰은 하루도 빠짐없이 매일 볼 수 있다.
돈도 들지 않으니 너무 많이 놓치지 마라.

- 조 월턴

집중하기

생각해보기

우리가 그토록 오랫동안 자각 없이 무의식적으로 살아가는 이유는 의식이 눈치채지 못하게 무의식이 뇌를 장악하는 능력이 뛰어나기 때문이다. 그런 순간이 오면 우리는 기억상실에 걸린다. 나는 비행기, 기차, 택시의 창문 너머를 응시하면서 많은 시간을 보내는데도 시간이 흘러간 기억이 전혀 없는 경우가 많다. 생각에 깊이 빠진 나머지 무의식이 뇌를 지배하고 있으며 꿈을 꾸는 중이라는 사실을 자각하지 못하는 것이다.

돌고래와 헤엄치거나 히말라야산맥을 춤추면서 올라가거나 친구와 조용히 앉아 있을 때, 우리는 의식이 최고조로 깨어 있는 상태에 도달할지도 모른다. 하지만 우리는 이런 상태에 매일, 그리고 매 순간 도달할 수 있다는 사실을 잊어버린다. 정신없이 바쁜 일상으로 돌아가면 기억상실에 걸려서 또다시 자각 없이 무의식적으로 살아가는 것이다.
남아프리카공화국의 골퍼인 루이스 우스투이젠Louis Oosthuizen은 집중력을 잃고 주의가 흐트러져 성적이 잘 안 나오는 현상을 방지하기 위해서 간단한 방법을 이용했다. 골프 장갑에 빨간색 점을 찍어두고 스윙하기 직전에 그 점에 집중한 것이다. 이 방법은 그가 좋은 성적을 내도록 정신 상태를 다잡는 데 도움이 되었다. 이러한 방법의 효과로 우스투이젠은 2010년에 열린 브리티시 오픈에서 우승컵을 들어 올리기도 했다.

계획

무엇이 가능한지 상기하고 깨어나야 한다는 사실을 기억하기 위해서는 도움이 필요하다. 다행히 이 경우에는 손만 있으면 된다.

오늘은 늘 차던 손목이 아닌 다른 손목에 시계를 차거나 주로 사용하는 손에 꽃을 그려보자. (삐뚤빼뚤하게 그려지더라도 상관없다!) 시계나 꽃을 보게 될 때마다 허리를 똑바로 펴고 앉아서 심호흡을 하자. 그리고 미소를 활짝 띠고 그 순간과 장소에 존재하는 자신을 느껴보자.
이런 습관이 들기 위해서는 대체로 일주일 정도 걸린다. 하루 동안 해보고 재미가 있다면 계속해보자. 그러면 곧 이런 습관이 우리의 일부가 될 것이다.

효과

이 활동에서 시계나 꽃은 관심, 자아 성찰, 심호흡을 유도할 것이다. 그리고 우리는 이처럼 우리가 현재를 의식적으로 자각하게 할 때마다 깨어나는 데 도움이 된다는 사실을 알게 될 것이다.

이런 연습을 많이 할수록 깨어 있다는 느낌을 받기가 쉬우며 무의식의 지배를 받는 시간도 줄어든다. 이렇게 간단하면서도 체계적인 방법은 우리가 기억상실에 맞서 싸우는 데 큰 도움이 되며 오늘날의 세상에 반드시 필요하다. 텔레비전이나 소셜 미디어처럼 무의식의 지배를 유도하기 위해 만들어진 장치가 너무나 많기 때문이다.

디지털 디톡스

생각해보기

요즘 신문에서는 우리의 삶이 기술의 영향을 받고 있으며 우리는 기술을 더 잘 다루는 방법을 배워야 한다는 내용을 다룬 기사를 어김없이 볼 수 있다.

우리는 기술이 인류의 발전에 필수적이며 우리가 지구를 더 잘 돌보는 데 꼭 필요하다는 사실을 알고 있다. 하지만 인간은 주의력이 쉽게 흐트러지기 때문에 기술과의 관계를 새로 배워야 한다. 우리는 휴대폰 알림 소리를 듣거나 진동을 느낄 때마다 뇌에서 도파민이 분비되며, 디지털 기기를 들여다보고 싶은 유혹에 쉽게 넘어가고 만다. 우리는 스마트폰을 하루에 평균적으로 221회나 들여다본다. 최근의 한 연구에 따르면 밀레니얼 세대의 80%가 걸어 다니면서도 휴대폰을 만지작거린다고 한다. 이 정도면 중독성이 대단히 강한 것이다.
그 결과 우리의 인지 처리 과정은 깊이를 잃었으며, 주의력도 너무 산만해진 나머지 무의식에 아주 쉽게 놀아나게 되었다. 디지털 기기는 현대판 신경안정제나 마찬가지다. 무의식이 뇌를 지배하도록 돕기 때문에 켜기가 무섭게 최면에 걸린 것 같은 상태를 유도하는 것이다. 우리는 기계가 우리를 관리하게 내버려 두지 말고 기계를 관리하는 방법을 배워야 한다.

계획

우리에게는 노력을 얼마나 기울이고 싶은지에 따라 두 가지 선택 사항이 있다. 한 가지는 제법 쉬운 방법이고, 다른 한 가지는 노력이 더 많이 필요한 방법이다. 디지털 디톡스를 시도하기 쉬운 방법은 디지털 기기의 알림 기능을 모두 꺼버리는 것이다. 여기에는 이메일, 달력, 앱 등 모든 것이 포함된다. 그러고 나서 적당할 때, 그리고 자신의 행동을 의식적으로 결정할 때만 디지털 기기를 들여다보면 된다.

최근에 밥 겔도프Bob Geldof는 대단히 성공적인 자신의 TV 프로그램 제작사인 '텐 알프스Ten Alps'에서 직원들이 아침에 이메일을 확인하지 못하도록 금지령을 내렸다. 아침에 이메일이 오면 오후 2시 이후에 문의에 답해드리겠다는 답신이 자동으로 발송된다. 그는 금지령을 두고 이렇게 말했다. "나는 직원들이 아이디어를 내길 바라는 마음에서 고용한다. 회사에 비서만 잔뜩 있으면 뭐 하겠는가?"

하루 중 언제 디지털 세계에 발을 들이는 것이 가장 유용한지 따져보고 그때만 디지털 기기를 들여다보자.

디톡스를 더 본격적으로 하고 싶은 독자가 있다면 4일 동안 디지털 기기에 아예 손을 대지 않길 추천한다. 디지털 세계와 멀리 떨어져 있을 때 어떤 기분이 드는지 느껴보자. 이런 방법이 바로 제대로 된 디지털 디톡스다.

효과

디지털 세계와 소통하는 방식을 관리하면 관심과 집중력을 통제할 수 있기 때문에 의식적이고 깨어 있는 생활을 하기가 훨씬 쉬워진다. 디지털 기기가 무의식의 지배를 유도한다는 사실을 잊지 말자. 따라서 필요할 때만 사용해야 한다.
나는 디지털 기기를 완전히 멀리했을 때 처음 이틀 동안은 몹시 괴로웠다. 하지만 곧 굉장히 자유로운 기분이 들었다. 한번은 출장 중에 휴대폰이 고장 나서 일주일 넘게 디지털 세계와 멀어진 적이 있었다. 그것은 상당히 멋진 경험이었고, 기술이 우리를 이용하는 것이 아니라 우리가 기술을 의식적으로 이용할 때 기술과 친구가 될 수 있다는 사실을 배우는 계기가 되었다.

기도문 읊기

생각해보기

가장 이상하게 느껴지는 것이 가장 좋은 것일 때가 있다. 기도문을 읊는 행위는 서양에서 가치를 충분히 인정받지 못하고 있지만 수천 명의 사람들의 영적인 기반으로 이용되고 있다.

소리는 시간이 존재하기 시작했을 때부터 문자 그대로, 그리고 은유적으로도 사람들에게서 다양한 기분을 이끌어내는 데 이용되었다. 우주가 빅뱅이론 때문에 생겼다고 생각하든 신이 창조했다고 생각하든 태초에 분명히 소리와 진동이 있었을 것이다. 우리 몸 안에 있는 모든 세포는 끊임없이 진동하며, 세포가 서로 조화를 이루면 정말 멋진 일이 일어난다. (이상한 소리를 늘어놓는 것 같겠지만 이것은 과학적인 사실이다.)
기도문 읊기는 일본, 아프리카 대부분의 지역, 하와이, 티베트, 북미, 유럽을 비롯하여 세계 곳곳에서 널리 시행되고 있다. 또한 기도문은 대부분의 주요 종교의 가장 다채로운 면 중 한 가지이며 다양한 형태를 띤다. 그렇게 많은 지역에서 기도문을 읊는다면 무엇인가 좋은 점이 있을 것이다. 과학적으로는 불안감과 우울증에 효과가 있다고 증명되었지만 나는 그것을 창의적인 자기표현의 방법으로 받아들였다. 기도문은 내가 여기, 그리고 이 순간에 존재하게 하는 데 도움이 되었고 활짝 웃게 해주기도 했다. 기도문을 매일 읊는 것은 아니지만 주머니에 기도문을 항상 가지고 다니다가 적당한 때가 오면 꺼내서 읊는다.

계획

우선 기도문을 잘 읊기 위해서는 마땅한 장소에 있어야 한다. 주의를 산만하게 하는 요소가 없는 곳이어야 하며 이왕이면 자연 속이 더 좋다. 낭랑하게 기도문을 읊다 보면 좀 멋쩍은 기분이 들기도 하지만 그런 불편한 기분을 이겨내는 것이 중요하다. 따라서 원하는 것을 마음껏 할 수 있는 편한 공간을 찾아야 한다.

나는 이미 정해진 기도문을 읊는 것에는 큰 관심이 없다. (물론 특정한 소리에 특정한 이점이 있다는 것은 인정한다.) 나는 어떤 소리가 입 밖으로 나올 것인지, 또 내 귀에 듣기 좋은지, 그리고 심장의 리듬과 잘 어울리는지 알아보는 것을 좋아한다. 우리는 그레고리오 성가나 '옴마니반메훔'과 같은 진언을 외우려는 것이 아니다. 그저 자신의 소리를 세상에 내보내는 데 초점을 맞춰야 한다. 여러 가지 소리를 시험해보는 일을 두려워하지 마라. 다양한 소리를 내보고 어떤 것에 관심이 가는지, 그리고 반복했을 때 어떤 소리가 재미있게 들리는지 알아보자. 충분히 멀리 나아갔다는 생각이 들 때까지 다양한 소리에 흠뻑 빠져보자.

집중이 잘 되지 않으면 실제 기도문 대신 말도 안 되는 소리를 한번 읊어보자. 어린아이처럼 우스꽝스럽게 들리는 말을 되는대로 늘어놓으면 된다. 나도 가끔 머리가 맑아지고 긍정적인 기분이 들 때까지 그렇게 헛소리를 늘어놓는다.

여기에 규칙은 없으니 읊었을 때 기분이 좋은 것을 찾아서 반복하면 된다.

효과

기도문을 읊는 것이 편안하게 느껴지고 나면 기도문이 우리를 다른 공간으로 매우 빠르게 데려갈 수 있다는 사실을 알게 된다. 가슴과 머리에서 느껴지는 울림은 우리가 내는 음과 소리에 따라서 특정한 효과를 보인다. 자신에게 적합한 음이나 소리를 내면 자신, 그리고 주위 세상과 대단히 긴밀한 유대를 형성하고 아주 짧은 시간 안에 확실하게 깨어나게 될 것이다.
설령 영적인 열반에 들지 못하더라도 걱정할 것은 없다. 기도문을 읊는 행위에는 재미있는 부작용이 있다. 바로 깔깔거리며 웃게 된다는 것이다.

나무와
친해지기

생각해보기

단순한 즐거움은 종종 가장 큰 즐거움이 된다. 하지만 우리가 살아가는 방식을 보면 우리는 그런 즐거움과는 거리가 먼 삶을 살고 있다. 나이가 들수록 우리의 삶은 자연스럽게 더 복잡해진다.

나이가 들면서 책임져야 할 일이 많아지고 다양해지기 때문에 우리는 관심을 나눠서 쏟을 수밖에 없다. 한 가지 일을 끝내면 바삐 다른 일로 넘어가야 하고, 일과 가정생활을 힘겹게 병행해야 한다. 가족과 시간을 보내고, 필요한 물건을 사서 차에 잔뜩 싣고, 식사를 준비하고, 아이들을 관리해야 하는 것이다. 내년 휴가 계획을 짜는 것처럼 재미있는 일을 할 때도 만족스럽지 않은 느낌이 들 수 있다. 활동의 목적이 분명할수록 시간의 압박이 더 크게 느껴진다. 그러다 보니 우리는 더 이상 눈빛이 반짝이지 않는 지경에 이르고 말았다.

어렸을 때는 누구나 거의 모든 것에서 즐거움을 느꼈다. 빈 상자 하나만 발견하더라도 그것을 가지고 몇 시간씩 재미있게 놀았다. 우리는 그 당시에 환상과 순수한 즐거움을 통해 만들어낸 우리만의 세상으로 도망가기를 좋아했다. 이번 활동은 우리에게서 그런 면을 다시 이끌어내고, 살아 있다는 느낌이 더 강하게 들게 하고, 큰 기쁨을 느낄 수 있게 해줄 것이다.

계획

나무를 찾아서 올라가 보자.

나무는 3억 7천만 년 전부터 존재했고 지구상에는 다 자란 나무만 약 3조 그루가 있다. 따라서 나무마다 우리에게 들려줄 이야기가 분명히 있을 것이다. "나를 타고 올라와 봐!"라고 외치는 나무도 있고 그렇지 않은 나무도 있으니 우리를 초대하려는 친근한 나무를 찾아보자. 올라가는 데 노력이 너무 많이 필요하거나 위험해 보이는 나무를 골라서는 안 된다.

가장 높은 나무가 아니라 가장 마음에 드는 나무에 올라가는 것이 중요하다. 능력이 닿는 만큼만 올라가야 하며, 못 올라가겠으면 아예 올라가지 않는 것이 좋다. 이 활동은 모두를 위한 것은 아니다.

설령 올라가더라도 서두르지 말아야 한다. 천천히 올라가면서 나뭇잎의 향기, 나무껍질의 감촉, 서서히 변하는 풍경을 즐겨보자.

대부분의 나무에는 딱 적당하게 느껴지는 앉을 자리가 있다. 그런 자리를 찾는 데 시간을 투자할 만한 가치가 있으며, 마땅한 자리를 찾으면 그 자리가 적당한지 저절로 알게 될 것이다. 이제 숨을 크게 들이마시고 그 자리에 앉아서 경험을 즐겨라. 나무에 올라갔더니 자연과 얼마나 가까워졌는지, 그리고 바쁜 삶과는 얼마나 멀어졌는지 느껴보자. 나무에 올라갈 때와 나무에서 내려올 때의 차이도 눈여겨보자. 고양이들은 올라갈 때와 내려올 때의 방식이 다르다.

올라갔던 나무가 마음에 들었다면 내일 다시 찾아가서 또 올라보자. 나무가 별로였다면 다른 나무를 찾으면 된다.

효과

영혼을 순수한 기쁨으로 채워주는 간단한 활동을 하다 보면 우리의 본모습뿐만 아니라 우리가 살고 있는 지구와도 더 강한 유대감을 느낄 수 있다. 의식에 큰 변화를 주기 위해서는 직장을 그만두거나 나일강을 따라 걷는 것처럼 크고 과감한 일을 벌여야 한다고 생각하기 쉽다. 이런 모험은 정신 건강에 좋긴 하겠지만 일상적으로 할 수 있는 일은 아니다. 우리가 원하는 것은 비행기 표나 말라리아 약 없이도 필요할 때 쉽게 할 수 있는 활동이다.

나무 타기를 통해서 우리는 과거의 자신과 재회할 수도 있다. 우리의 내면에는 어린아이가 여전히 살고 있으며, 그 아이는 우리가 더 많이 놀고 인생을 그토록 심각하게 여기지 않기를 바란다. 내면의 아이를 이끌어내면 살아 있다는 것만으로도 진정한 기쁨을 느낄 수 있을 것이다. 우리는 더 많은 것을 필요로 하지 않는다. 그저 더 밝게 지내고 자주 웃으면 된다.

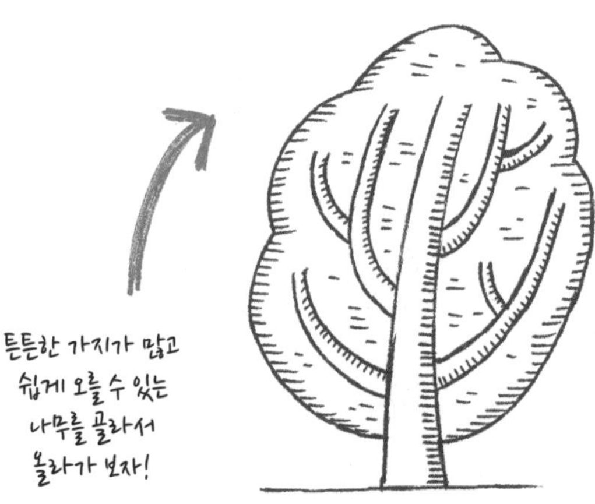

단순한 즐거움은
종종
가장 큰 즐거움이 된다.

배고플 때만
적게 먹기

생각해보기

나는 몇 년 전에 단식 체험을 하기 위해 태국을 찾았다. 단식을 하고 나서 얼마나 기분이 좋아졌는지 믿기 어려울 정도였다. 그 후로는 우리가 음식과 맺는 관계와 그런 관계가 우리의 기분에 미치는 영향에 매료되었다.

단식이 건강뿐만 아니라 뇌의 기능에도 도움이 되었다는 주장이 담긴 연구는 많다. 또한 단식은 기운을 불어넣고, 제2형 당뇨병을 예방하고, 알츠하이머의 발병 시기를 늦추고, 암에 맞서 싸우기도 하는 것으로 알려져 있다. 단식의 효과가 그만큼이나 강력한 것이다. 일본에는 '하라하치부'라는 말이 있다. 배가 80% 정도 찰 때까지만 먹도록 하는 고대 일본의 유교적인 가르침이다. 좀 더 간단하게 말하면 단식이 실험실 동물들의 수명을 연장하는 데 도움이 되었다는 증거도 있다. 어쨌든 중요한 것은 단식이 우리가 음식을 얼마나 먹는지 더 분명하게 인식하도록 도와준다는 것이다.

우리가 섭취하는 음식과 교감하지 못하고 필요한 음식 대신 먹고 싶은 것을 먹으면 너무 많이 먹게 되고 음식의 종류도 잘못 고르고 만다. 이런 식습관은 영양상 혼수에 가까운 상태를 유도하며 무의식을 파티에 초대해버린다.

계획

이번 주에는 배가 정말 고플 때만 적은 양을 먹어보자.

필요할 경우 식사를 하루에 열 번씩 해도 좋다. 다만 평소보다 적은 양을 먹어보면 우리가 먹고 싶어서 먹는 음식과 달리 반드시 먹어야 하는 음식이 무엇인지 알게 될 것이다.

정크푸드를 먹고 싶다고 생각하는 사람은 많다. 하지만 식단에서 독소를 어느 정도 제거하여 몸이 더 깨끗해지면 당기는 음식이 달라진다는 사실을 알아차릴 것이다. 본인의 생리적인 특성, 기후, 계절에 따라 입맛이 달라지기는 하겠지만 식단을 잘 지키면 보상을 받을 수 있을 것이다.

만드는 음식이 최대한 신선하고 날것에 가까울수록 섭취했을 때 에너지를 많이 얻을 수 있다. 우리는 갈증을 허기와 혼동하는 경우가 많으니 물을 많이 마시고 정제 설탕, 카페인, 술은 당연히 피해야 한다. 식품 전문가인 마이클 폴란Michael Pollan의 말처럼 "증조할머니가 알아보지 못할 음식은 입에 대지 마라". 그 원칙만 지킨다면 문제가 없을 것이다. 혹시 섭식장애가 있을 경우 이 활동은 건너뛰길 바란다.

효과

우리가 체내 시스템에 연료를 공급하는 데 무엇이 필요한지 더 분명하게 인식할수록 좋은 아웃풋을 위해 좋은 인풋을 투입하게 될 것이다. 과식을 하고 설탕이 많이 들어 있는 음식을 먹으면 깨어 있는 상활을 유지하기가 매우 어려워진다. 과식은 정신을 둔하게 하고, 설탕은 반대로 뇌에 과한 자극을 가한다. 둘 다 정신이 균형을 유지하기 어렵게 만든다는 단점이 있다.

섭취하는 음식의 수준을 높이면 자연스럽게 더 의식적인 생활을 할 수 있고 깨어나는 데 큰 도움을 받을 것이다.

속마음
털어놓기

생각해보기

나는 누구에게나 다른 사람과 나눠야 할 이야기가 있다고 생각한다. 그 이야기는 우리가 어떻게, 그리고 왜 지금의 모습이 되었는지에 관한 것이다.

우리의 개인적인 이야기는 다른 사람과 쉽게 나눌 만한 것은 아니다. 하지만 우리는 매일 무의식적으로 그 이야기로 돌아간다. 그 이야기가 우리가 세상에 어떤 모습으로 나타나는지 설명해주기 때문이다. 우리는 자아 성찰을 본격적으로 할 기회를 얻지 못한 채 인생의 대부분을 보낸다. 바쁘게 살다 보면 뒤로 한 발짝 물러나서 그동안 겪은 일들을 기쁜 마음으로 돌아보기가 어렵다. 그렇다 보니 우리가 자신에 관해서 들려주는 이야기가 우리도 모르는 사이에 신화 속에 나오는 괴물처럼 부풀려지는 경우가 있다. 하지만 이런 이야기는 우리가 어떻게 살아가는지, 또 우리가 얼마나 빛날 수 있는지에 직접적인 영향을 미친다.
내가 아는 여자 중에 시험을 보기 전에 남자친구에게 차여서 자신이 좋은 대학에 못 가고 좋은 일자리를 구하지 못했다고 생각했던 여자가 있다. 그녀는 그 일 때문에 자신이 멋진 인생을 살지도 못하고 평생 남자를 믿지도 못하는 것이라고 굳게 믿었다. 하지만 그건 사실이 아니었다. 시간이 지나면서 그녀의 머릿속에서 이야기가 부풀려진 것이다. 그 이야기는 그녀가 변명할 수 있는 구실을 제공했지만 멋진 인생을 살도록 도와주지는 못했다.

계획

이번 주에는 아무에게도 들려준 적 없는 이야기가 있는지 생각해보자. 지금의 우리와 어떤 식으로든 관계가 있는 이야기여야 한다. 눈을 감고 심호흡을 하면서 시간을 들여 그 이야기의 세부 사항을 떠올리고 그 속에 담긴 에너지를 다시 느껴보자. 그 이야기를 찾아내고 나면 신뢰하는 사람에게 들려주면 된다. 비판하지 말고 가만히 들어달라고 부탁하고, 이 활동이 과거와의 소통을 재개하기 위한 실험이며 실험이 성공적일 경우 다른 사람들과도 더 깊이 교감할 수 있을 것이라고 설명해주자.

이야기를 천천히 시작해보자. 서두를 필요는 없다. 이야기를 하면서 몸속의 에너지가 움직이는지 느껴보고, 계속해서 미소를 띤 채 숨을 깊이 쉬면서 친구의 눈을 쳐다보자. 이야기를 끝내고 나면 같은 이야기를 다른 사람들에게도 들려주고 싶어질지도 모른다. 점점 더 많은 사람에게 이야기를 하다 보면 이야기가 변한다는 사실을 알게 될 수도 있다. 이야기의 특정한 면을 더 강조할지도 모르는 것이다. 하지만 그것은 우리의 이야기이기 때문에 문제 될 것은 없다.

어쩌면 다른 이야기가 우리에게서 감정적인 반향을 더 많이 일으킨다는 생각이 들어서 그 이야기를 대신 들려줘야겠다고 생각할 수도 있다. 그럴 때는 그 이야기를 들려주면 된다. 옳고 그름이 없는 문제이니 상관없다. 이런 식으로 우리의 이야기를 하면 우리를 감정적으로 움직이게 하는 것과 더 깊이 교감하는 데 도움이 된다.

효과

우리의 이야기는 우리를 해방할 수도 있고 우리를 가둘 수도 있다. 우리가 이야기에 부여하는 의미는 우리가 생각하는 것보다 훨씬 큰 경우가 많다. 이야기를 다른 사람과 공유하면 보다 의식적인 생활을 하고 일상적으로 경험하는 혼란에서 벗어나는 데 도움이 된다. 그동안 혼자 억눌러왔던 마음속 이야기를 하다 보면 웃음이 날 때도 있다. 그러면 그 이야기가 내 안에서 가공된 것에 불과하다는 사실을 인지하게 되고 결과적으로 이야기로부터 자유로워진다. 다른 이야기 중에는 우리가 누구인지 좀 더 잘 이해할 수 있도록 돕는 것도 있을 것이다.

인생의 중요한 순간을 돌아보고 그것을 우리가 아끼는 사람과 나누는 시간은 깊은 심리적인 안정감을 줄 수 있다. 설령 그렇게까지 효과를 보지는 못하더라도 우리가 좀 더 살아 있다는 느낌이 들기는 할 것이다. 우리는 중요하지 않은 것에 너무나 많은 시간을 할애한다. 다행히도 자신의 이야기를 들려주다 보면 중요한 것에 초점을 더 맞추게 될 것이다. 중요한 것에 시간을 할애할 때 우리는 깨어나지 않고는 못 배긴다.

새로운 일 해보기

생각해보기

습관으로 점철된 인생을 살기는 무척 쉽다. 우리에게는 단골 샌드위치 가게가 있고, 가장 즐겨 읽는 신문이 있으며, 버스에 탔을 때 앉기 좋아하는 자리가 있다. 인간은 친숙한 것을 좋아하기 때문에 매일 같은 일을 하는 것에서 따뜻하고 편안한 감정을 느낀다. 그리고 친숙한 생활을 계속하면 끔찍한 불확실성이 찾아오지 않을 것이라고 생각하게 된다.

이렇게 사는 것의 문제는 무의식의 지배를 받게 된다는 것이다. 친숙한 일을 경험하면 의식이 긴장을 풀 수 있도록 무의식이 자동으로 뇌를 장악한다. 간단히 말해서, 생활이 습관으로 가득할수록 덜 깨어 있는 삶을 살아가게 되는 것이다.
미래는 중요한 부분에 있어서는 지금과 거의 달라지지 않을 것이다. 그러니까 어떤 일이 일어날지 걱정하지 말고 (그런 일은 절대로 일어나지 않을 가능성이 크다) 매일 똑같은 활동을 하느라 놓친 재미있는 일을 많이 찾길 바란다.
재미를 느끼고, 이것저것 시도해보고, 다채로운 색으로 빛나는 인생을 살아보자. 그러지 않으면 우리에게 어떤 색이 가장 잘 어울리는지 어떻게 알겠는가?

계획

오늘 무엇인가 새로운 활동을 해보자.

어떤 활동이든 상관없다. 그저 평소에 하던 것보다 조금이라도 더 재미있고 신나는 것이면 된다. 새로운 가게에서 점심거리를 사거나 새로운 음악을 들어보거나 항상 해보고 싶었던 취미에 도전하는 방법이 있다. 아니면 낯선 사람과 대화를 하는 간단한 활동도 좋다. 중요한 것은 우리가 느끼기에 새롭고 색다른 활동을 찾는 것이다.
새로운 도전 과제에 직면하면 우리의 원시적인 뇌는 잠재적인 위험을 감지한다. 그럴 때는 숨을 크게 들이마시고 미소를 지은 채 상황을 있는 그대로 파악하면 된다. (우리가 보이는 반응은 불확실성을 접했을 때 나타나는 자연스러운 공포 반사다.) 새로운 활동을 할 때 우리의 감각이 어떻게 예민해지는지 눈여겨보자. 그리고 우리가 지금 어디에 있는지에 관한 인식이 평소보다 조금 더 반향을 일으킨다는 사실에도 주목하자. 새롭고 재미있는 활동을 하고 나면 정체되어 있는 것처럼 느껴지는 인생의 다른 측면에 관해서도 조금 더 자유로운 시각을 지닐 수 있다. 이런 시각을 활용하여 기존의 일상을 뒤흔들어보자. 직접 해보지 않으면 어떤 일이 일어날지 어떻게 알겠는가?

효과

내가 아는 한 커플은 주말에 놀러 가고 싶었지만 그럴 만한 돈이 없었다. 그래서 한 번도 자본 적 없는 빈방에서 잠을 자고, 살고 있는 동네에서 관광을 했다. 그런데도 일상에서 완전히 탈출한 느낌을 받을 수 있었고, 더 많은 가능성에 눈을 뜨게 되었다.

삶에 새로운 경험을 투입하면 무의식 상태가 유지되기가 힘들어진다. 새로운 것은 무엇이든 우리에게서 보다 깨어 있는 상태를 유도하기 때문이다. 정기적으로 간단한 습관을 깨고 새로운 것을 시도하다 보면 더 의식적으로 생활하게 되고, 살아 있다는 느낌을 강하게 받기가 훨씬 더 쉽다는 사실을 알 수 있다. 그러면 결국에는 자신의 본모습에 더 충실해지고 더 멋진 인생을 살 수 있을 것이다. 새로운 일을 시도하는 행위는 (좋은 쪽으로) 중독성이 있기도 하다.

오늘 어떤 새로운 활동을 시도해볼까?

"노"라고
말하기

생각해보기

자신의 인생을 직접 통제하기 위해서는 거절할 줄도 알아야 한다. 우리의 시간과 관심을 요구하는 일은 끊임없이 생기기 때문에 시간과 관심을 관리하는 방법을 배우지 않으면 몸도 마음도 무너지고 말 것이다. 우리는 사람들을 돕기를 좋아하며, 그 과정에서 의미를 발견하고 목적의식을 느끼는 경우가 많다. 하지만 우리가 스스로도 제대로 돌보지 못한다면 어떻게 다른 사람에게 시간과 관심을 쏟을 수 있겠는가?

바쁜 생활은 무의식의 지배를 부른다. 의식적으로 깨어 있기 위해서는 여유 시간이 필요하므로 "노"라고 말하는 방법을 배워야 한다. 우리가 "예스"라고 말할 때 그 일에 완전히 전념하는 경우는 많지 않다. 무의식이 우리에게서 분한 마음을 이끌어내기 때문이다. 우리가 스스로에게 솔직해지지 못하는 것이다. 인간의 수치심과 취약성을 연구하는 브레네 브라운Brené Brown은 이렇게 설명한다. "연민이 많은 사람들은 자신이 필요로 하는 것을 요구한다. 그들은 필요할 때 '노'라고 말하며, '예스'라고 말할 때는 진심을 담는다. 그들이 정한 한계 덕에 분한 마음이 일지 않기 때문에 연민이 많은 것이다." 이 말은 마치 역설처럼 보인다. 무엇인가를 하기로 동의하는 행위는 다른 사람에게 연민을 보이는 것처럼 느껴지지만 동의에 진정성이 부족하다면 정반대의 효과를 낳는다는 것이다.

계획

이번 주에는 매일 의도적으로, 그리고 의식적으로, 평소에는 “예스”라고 말했겠지만 이번에는 “노”라고 말할 만한 것을 찾아보자. 이 활동을 오기나 분노 때문에 하지 말고 자신에 대한 사랑을 담아서 하길 바란다. 거절하는 것이 옳은 줄 알면서도 평소에는 거절하기 어려웠던 활동을 찾으면 된다. 분명하고 부드럽게 거절하자. 설명을 늘어놓거나 거절하는 이유를 정당화할 필요는 없다. 그냥 간단하게 말하면 된다. 우리가 매일 군소리 없이 할 거라고 사람들이 예상하는 습관적인 일에 “노”라고 말하면 놀랍도록 자유로워지는 느낌을 받을 수 있다. 그동안 항상 아이들을 직접 재웠다면 이제는 그러지 않아도 될 때인지도 모른다. 만일 사무실에서 동료와 상사들의 차 심부름을 해왔다면 이제는 다른 사람이 할 차례일 수도 있다. 설거지를 늘 도맡아 해왔다면 이제는 마른행주로 그릇의 물기를 닦을 때인지도 모른다.

“노”라고 말하고 나서 얼마나 자유로운 느낌이 드는지 인식해보자.

효과

우리가 평소라면 잠자코 받아들일 일에 "노"라고 이야기할 때는 의식이 분명히 깨어 있어야 한다. 이 활동은 바쁜 생활에 여유 시간을 더 투입하는 것이 목적이며, 그래야만 우리가 더 깨어 있는 삶을 살 수 있다. "노"라고 거절하는 것은 자신에게, 그리고 다른 사람들에게 의무감 때문이 아니라 진심으로 "예스"라고 말할 시간을 마련하는 것이다.

〈"예스"라고 말하기〉 챕터도 참고하길 바란다. (p.140 참조)

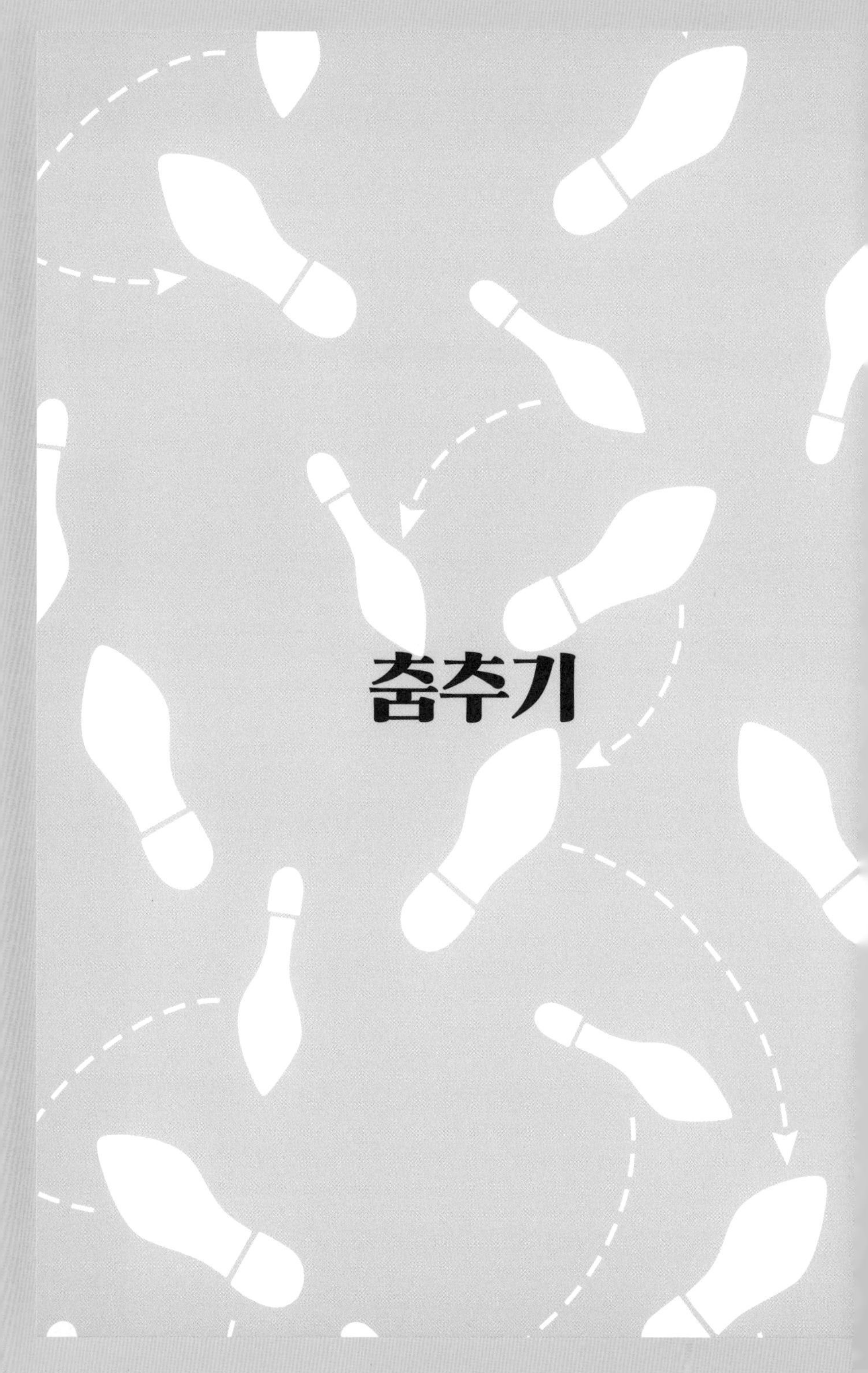

춤추기

생각해보기

나는 한때 엄청난 능력을 가진 사람들로 구성된 팀을 이끌었다. 살아가다 보면, 타인보다 수준 높은 인생을 삶으로써 평범함을 넘어서는 마법을 만들어내는 사람들에게 둘러싸일 때가 있는데, 나의 경우에는 그 당시가 그런 순간 중 하나였다.

나는 그 팀을 하나로 만든 것이 무엇인지 이해하려고 노력했으나 분석 결과가 영 마땅치 않았다. 내가 보기에 모든 팀원이 좋아했던 활동이라고는 춤(특히 모두 함께 추는 춤)밖에 없었기 때문이다.
하지만 춤이 우리에게 얼마나 좋은지 증명하는 연구가 많다. 춤은 신체적으로, 그리고 정신적, 감정적, 영적으로도 우리에게 도움이 된다. 솔직히 말하자면 춤에 관한 연구 결과에 대해 알 필요는 없다. 거의 모든 사람이 춤의 효과를 직접 느껴본 적이 있기 때문이다. 우리는 딱 알맞은 곡에 맞춰서 다른 무엇에도 신경 쓰지 않고 춤에 완전히 몰두할 때 기분이 얼마나 좋아지는지 알고 있다. 춤은 곧 삶이며 모든 사람을 하나로 묶어주는 관습이다.

계획

이번 주에는 춤출 시간을 마련해보자.

물론 클럽을 가거나 파티에 참석해도 좋다. 하지만 이상하게도 혼자서 되는대로 춤을 추더라도 깊은 만족감을 얻을 수 있다.
하루 중 10분의 짬을 내어 마음에 와 닿는 곡을 틀어보자. 그리고 볼륨을 높이고 다른 사람들이 어떻게 생각하든 신경 쓰지 말고 몸에서 우러나는 대로 춤을 춰보자. 이 활동의 목적은 멋져 보이거나 춤을 잘 추는 것이 아니라 춤을 그 자체로 즐기는 것이다.

효과

혼자서 춤을 추는 것이 아무래도 좀 어색하게 느껴질지도 모른다. 하지만 자신에 대한 비판과 머릿속에서 우리를 못살게 구는 목소리를 이겨내고 나면 혼자 춤추는 것이 즐거워진다. 나는 인생이 감당할 수 있는 것보다 조금 더 심각해져서 갇혀 있는 기분이 들고 삶을 즐기기가 어려울 때 「슬라이 앤드 더 패밀리 스톤Sly and the Family Stone」을 틀어놓고 음악이 나에게 길을 알려주길 기다린다. 그러면 내 몸은 음악을 따라서 움직이는 것 외에는 다른 선택 사항이 없어진다. 춤은 내가 아는 한 가장 뛰어난 치료제 중 하나다.

아무도 없을 때 혼자 춤추는 것을 마스터했다면 춤추고 싶은 생각이 들 때 즉석에서 춤을 춰봐도 좋다.

하루에
한 시간씩
더하기

생각해보기

사람들이 자신이 원하는 인생을 살지 못하고 있는 이유에 대해서 가장 자주 듣게 되는 소리는 시간이 없기 때문이라는 것이다. 어쩌면 그들은 독서를 충분히 하지 못하거나 원하는 만큼 운동을 하지 못하거나 피아노 연습 시간이 부족한지도 모른다. 사람들은 대체로 애절한 표정으로 이런 활동이 삶을 완전히 바꿔줄 것이지만 자주 하기에는 너무 바쁘다고 변명을 늘어놓는다.

시간의 정의에는 여러 가지가 있다. 그중에는 논란의 여지가 있는 것도 있고 사람들이 대체로 동의하는 것도 있다. 상대적으로 논란의 여지가 적은 정의에는 "시간은 시계가 측정하는 것"과 "시간은 모든 것이 동시에 일어나지 않게 해주는 것"이 있다. 시간이 우리가 통제할 수 있는 대상이라는 사실을 이해하고 나면 우리는 어떤 활동을 하기에 시간이 없다는 것은 그 활동이 우리에게 그만큼 중요하지 않다는 뜻이라는 점을 깨닫게 된다. 고대 중국의 철학자인 노자가 말했듯이 "시간은 만들어진 산물이다. 시간이 없다고 말하는 것은 하고 싶지 않다고 말하는 것이나 다름없다".

계획

이번 주에는 정확히 어떤 취미 생활이나 활동이 우리가 멋진 삶을 사는 데 큰 도움이 될 것인지, 그리고 어떤 것이 헛된 꿈에 불과한지 알아보자.

이 활동에는 약간의 괴로움이 동반되지만 즐거움이 훨씬 클 것이라 생각한다.
4일 동안 한 시간씩 일찍 일어나서, 시간만 있으면 하고 싶다고 생각했던 활동 중 한 가지를 해보자. 그 활동을 60분 동안 열심히 하면서, 우리의 영혼을 차오르게 할 무엇인가를 위해 시간을 훔쳤다는 사실을 즐겨보자.
똑같은 활동을 4일 내내 해도 좋고, 매일 다른 활동을 해봐도 좋다. 선택은 우리의 몫이다. 중요한 것은 우리가 해야 한다고 생각되는 일이 아니라 스스로 좋아할 것 같은 활동을 선택하는 것이다.

효과

4일이 지나고 나면 도전해본 활동이 재미있고 만족스러워 더 자주 할 필요가 있는지, 아니면 그 시간에 차라리 잠을 한 시간 더 자는 편이 나을 만큼 별로라서 도전을 그만두어도 될 것인지 결정할 수 있을 것이다.
결과가 어떻든 인생에 진정으로 필요한 활동이 무엇인지에 관해 좀 더 많은 것을 파악하게 되었을 것이다.

감사하는
마음 갖기

생각해보기

살다 보면 인생이 흐릿하게 지나가는 느낌이 들고 좋은 순간과 나쁜 순간을 충분히 느끼지 못하기가 쉽다. 삶의 속도가 너무 빠르고 여러 가지 일에 관심을 분산해야 하다 보니 경험이 한데 섞이는 것이다.

깨어나기 위해서는 우리에게 매일 어떤 일이 일어나는지 충분히 느낄 수 있어야 한다. 흥분은 우리의 엔진을 돌아가게 하는 연료 중 일부이며 우리가 살아 있다는 느낌을 더 강하게 받게 해준다. 감사하는 마음은 최근 들어서 활발하게 진행되고 있는 연구 대상이며, 수면의 질을 높이고 신체적, 심리적 건강과 긍정적인 태도에 도움이 되는 것으로 알려져 있다. 감사하는 마음은 우리가 훌륭한 삶을 살 수 있도록 준비시켜주는 뛰어난 요인이다.

계획

매일 아침, 그날 일어날 일 중에 기대되는 것 세 가지를 적어보자.

어쩌면 친구를 오랜만에 만날 생각에 기분이 좋거나 재미있게 읽고 있는 책의 다음 챕터가 기대되는 것일지도 모른다. 아니면 헬스클럽에 갈 시간이 드디어 생겼거나 상사와 다음 분기에 관한 계획을 세울 기회가 찾아온 것이 기쁠 수도 있다.

저녁이 되면 그날 일어난 일 중에 감사하게 생각하는 것 세 가지를 적어보자. 그날 하루에 관해 곰곰이 생각해보고 하이라이트가 될 만한 일이 무엇이 있었는지 따져보면 된다. 딸을 학교까지 데려다 주면서 의미 있는 대화를 나눴는가? 아니면 새로운 일감을 얻었는가? 밤에 잠을 잘 자서 개운한 기분으로 하루를 보냈는가? 아니면 오래전에 만들었던 음악 테이프를 발견했는가? (그것은 분명 지금까지 존재하는 가장 뛰어난 테이프일 것이다.) 그것도 아니면 『무한한 흥미Infinite Jest(1,100쪽에 달하는, 국내에는 미출간된 장편소설—옮긴이)』를 드디어 다 읽었는가?

어떤 사람들은 이렇게 열심히 적은 목록을 사랑하는 사람들과 공유할 때 감정을 더 크게 느끼고 경험을 더 의식하게 된다. 그러니까 독자들도 한번 시험해보고 자신이 그런 경우에 속하는지 알아보자.

효과

우리의 하루하루는 유일하고 특별하며, 어떤 날이든 우리가 멋진 경험을 찾아보기만 한다면 환상적인 하루를 만들 수 있다. 하지만 그런 하루하루가 하나로 합쳐지면 작은 기쁨까지 경험하기가 어려워진다. 우리를 흥분시키는 일에 관심을 집중하면 우리는 그런 일이 더 자주 일어나게 할 수 있고 흥분할 준비가 되어 있을 확률도 높아진다.

감사하는 마음은 행복의 열쇠이자 우리가 무의식에서 벗어나기 위해 필요한 열쇠이다. 감사하는 마음이 들면 우리는 자연스럽게 자신, 다른 사람들, 지구와 더 깊이 교감하게 된다. 하지만 무언가를 당연하게 받아들이면 모든 순간이 예상할 수 있었던 너무나도 친숙한 순간이라는 생각이 들어서 우리가 깨어나는 데 도움이 되지 않는다. 감사는 의미상 우리가 겪은 고유한 경험을 진심으로 고맙게 여기는 행위이기 때문에 우리의 감정을 자극하기 마련이다. 감사하는 마음이 느껴지면 강렬한 반응이 나타나고 우리가 얼굴에 활짝 미소를 지은 채 깨어나는 데 도움이 된다.

환상에 빠져보기

생각해보기

사람들은 핑계를 대면서 스스로 꿈을 포기시킨다. '내가 키가 더 컸더라면, 더 예뻤더라면, 수학을 더 잘했더라면…'이라고 생각하는 것이다. 아니면 '내가 하버드에 진학할 수 있었더라면, 집을 최고가에 팔 수 있었더라면, 승진을 할 수 있었더라면, 스냅챗Snapchat에 투자했더라면…'이라고 핑계를 대는 것이다.

하지만 우리의 인생을 멋지게 만드는 데 필요한 것은 이미 손을 뻗으면 닿을 거리에 있다. 물론 용기를 내서 변화를 모색하는 것보다 환경 탓이나 하면서 쭉 지금처럼 살아가기가 훨씬 더 쉽다. 변화에는 위험부담이 따르기 마련이고 우리의 원시적인 뇌(p.12 참조)는 위험부담을 좋아하지 않기 때문이다. 그래서 우리는 계속해서 몸을 작게 웅크린 채 인생에 대해 불평불만을 늘어놓는다. 하지만 오늘부터 우리는 달라진 모습을 보일 것이다.

계획

방금 700억 원에 당첨되었다고 상상해보자.

이제 우리는 인생을 어떻게 보낼 것인지 마음껏 선택할 수 있다. 눈을 감고 숨을 크게 들이마시고 이제부터 인생을 어떻게 살 것인지 생각해보자. 거액의 돈이 우리에게 어떤 변화를 불러올 것인가? 상상력을 발휘하여 꿈을 꾸고 환상에 빠져보자. 우리가 가장 먼저 떠올리는 것은 집, 자동차, 휴가에 돈을 쓰는 것이다. 하지만 그런 물질적인 것을 넘어서서 원하는 것을 탐구하길 바란다. 돈을 어떻게 쓸 것인지 생각하는 대신 하루하루를 어떻게 보낼 것인지 생각해보자. 선택할 수 있는 활동이 무궁무진하다면 시간을 어떻게 보내고 싶은가? 어떤 것이든 가능해진다면 살면서 어떤 즐거움을 추구하고 싶은가?

하고 싶은 것을 모두 적은 목록을 완성해보자. 자제하지 말고 상상의 나래를 마음껏 펼쳐보길 바란다.

효과

나는 사람들이 이 활동을 할 때면, 즉 자신의 삶의 질이 어떻길 바라는지에 관해 좀 더 깊이 파고들 때면 그들이 700억 원씩이나 필요로 하지 않는다는 사실을 종종 발견한다. 그들이 꿈꾸는 삶은 지금 당장이라도 이룰 수 있다.

나의 고객 중 한 사람은 프로방스에 경치가 좋은 농가를 사서 거기서 소설을 쓰는 것이 꿈이라고 말했다. 그러다가 그는 현재 살고 있는 아파트도 경치가 좋고 지금 당장 첫 번째 소설을 쓰지 못할 이유가 없다는 사실을 깨달았다.

꿈을 나중으로 미루지 마라. 오늘 당장 꿈처럼 살면 무의식이 우리의 뇌를 환상으로 가득 채우는 일은 없을 것이다. 현실이 환상보다 더 아름다울 것이기 때문이다.

어른들은 스스로 이해하는 것이
아무것도 없다.
항상 아이들이 모든 것을 설명해줘야
해서 피곤하기 짝이 없다.

- 앙투안 드 생텍쥐페리

하늘
올려다보기

생각해보기

하늘은 끊임없이 변한다. 하던 일을 멈추고 올려다보면 그런 장관이 없다. 하지만 우리는 안타깝게도 인생의 대부분을 하늘 대신 땅을 보면서 살아간다.

우리의 시선은 주로 다른 사람들, 우리가 걷는 곳, 손에 쥔 휴대폰에 쏠린다. 그렇다 보니 바로 위에 있는 하늘을 놓치는 경우가 많다. 인간은 하늘의 광활함을 이해하지 못한다. 우리가 살고 있는 우주는 나이가 수십억 년이나 된 무한한 공간이다. 시간이 존재하기 시작한 이래 우리가 보고 있는 것과 똑같은 하늘을 얼마나 많은 사람이 올려다봤을지 생각해보자. 바라본 하늘은 같았지만 그들의 인생은 우리와 많이 달랐을 것이다. 이와 같은 포괄적인 시각은 삶의 속도를 다시 측정하는 데 도움이 되고 우리가 누구인지, 그리고 어디에 살고 있는지 상기시켜준다.

계획

야외에서 눕기 좋은 곳을 찾아서 10분 동안 누운 채로 하늘을 올려다보자.

특이한 모양의 구름이 우리의 상상력을 자극하거나 구름 한 점 없는 파란 하늘이 끝없이 펼쳐질지도 모른다. 아니면 반짝이는 별이 우수수 쏟아지는 밤하늘을 보게 될지도 모른다.
아름다운 하늘을 마음껏 즐기고 그런 경험이 우리를 어디로 데려가는지 알아보자. 이런 활동을 자주 하면 하늘의 아름다움 역시 더 자주 느낄 수 있을 것이다.

정원이나 공원,
아니면 옥상에 누워도 좋다

효과

우리는 정말 운이 좋게도 머리 위의 하늘처럼 우리를 겸허하게 만드는 자극제를 매일 만난다. 우리가 하늘과 교감해야 한다는 사실을 기억하면 시간을 무심코 흘려보내지 않도록 하는 데 도움을 받을 수 있다. 그러면 우리가 세상에서 차지하는 위치에 진정으로 눈을 뜰 수 있을 것이다. 하늘은 우리가 훨씬 큰 무엇인가의 일부이며, 우리를 힘들게 하는 일들이 대체로 중요하지 않고, 우리가 정말 중요한 일에 시간을 할애해야 한다는 사실을 떠올리게 해준다.

돼지처럼 살아보기

생각해보기

나는 사람들이 이 활동을 할 때 여러 가지 방법으로 실험해보길 바란다. 그러면 효과가 더 좋을 것이다.

2016년 1월에 수천 명의 사람이 '대대적으로 깨어나기'라는 프로젝트의 일환으로 일주일 동안 집에서 음식을 만들어 먹었다. 그 프로젝트가 바로 이 책에 영감을 불어넣었는데, 많은 사람이 프로젝트에 참여하고 나서 톡톡히 효과를 봤다. 그런데 참가자 한 명은 평소에도 음식을 집에서 만들어 먹는다며 정반대의 도전을 해보겠다고 나섰다. 그래서 그녀는 패스트푸드, 통조림 식품, 정제 설탕과 방부제가 가득한 질 낮은 음식을 먹었다. 흥미롭게도 그녀는 이 활동에 도전한 참가자 중 가장 큰 교훈을 얻게 되었다. 이처럼 대단히 부정적인 경험이 오히려 우리를 긍정적으로 이끌어줄 때도 있다. 일주일이 지나자 그녀는 무기력해지고, 피부가 얼룩덜룩해지고, 몸이 붓고, 두통도 생겼다. 그리고 올바른 식품을 섭취하는 것이 왜 노력할 만한 가치가 있는 일인지 아주 명확히 알게 되었다.

계획

이번 주에는 이해할 수 있는 범위를 뛰어넘어 돼지처럼 살아보자.

즉석요리를 먹고, 게으름을 피우고, 술을 잔뜩 마셔보자. (탄산음료 두 병과 치즈 과자도 곁들이자!) 그리고 집에서 온종일 영화를 보고, 집도 치우지 말자. 인생의 브레이크를 풀고 오늘이나 내일을 신경 쓰지 않는 사람처럼 막 살아보는 것이다.
평소에 추구하는 수준보다 낮은 것처럼 느껴지는 활동을 골고루 해보면 된다. 누군가에게는 도넛을 먹는 것이 그런 활동일 수 있고, 다른 누군가에게는 늦게 일어나거나 옷을 대충 입거나 점심시간에 맥주를 마시는 것이 그런 활동일 수 있다. (세 가지 활동을 모두 해봐도 좋다.) 지저분한 생활을 즐기고, 의식의 수준이 어떻게 달라지는지 살펴보자.
혹시라도 마약이나 알코올중독 또는 섭식장애와 같은 문제에 시달린 경험이 있다면 이 활동을 건너뛰길 바란다. 그 누구도 어두운 시절로 돌아가기를 원하지 않을 것이기 때문이다. 하지만 그런 경우에 해당하지 않는다면 견딜 수 없을 때까지 아주 지저분한 돼지처럼 살아보자.

효과

모든 순간이 얼마나 멋질 수 있는지 인식하기 위해서는 때때로 우리가 처한 상황을 조금 더 나쁘게 만들 필요가 있다. 인생에 엄청나게 긍정적인 변화를 불러온 사람들과 이야기를 나눠보면 대체로 상황이 너무나 안 좋아져서 변화가 필요할 수밖에 없었다는 사실을 알게 된다.

돼지처럼 사는 것을 너무 많이 즐긴 독자가 있다면 매일 그런 식으로 30년 동안 살면 어떻게 될지 생각해보자. 그때 우리가 어떤 모습으로 살고 있을 것인가? 우리가 무엇을 나타낼 것인가? 그리고 삶이 안겨준 선물을 어떻게 활용했을 것인가?

잠깐 동안 돼지처럼 살았다고 해서 문제 될 것은 없다. 하지만 오랫동안 그렇게 산다면 청소기를 돌리지 않아서 전기요금을 절약하게 되는 게 중요한 게 아니라 여러 가지 문제가 많아진다.

우리가 평소에 받아들일 수 있다고 여기는 수준보다 더 낮은 수준의 활동을 해보면 우리에게 중요한 것과의 교감이 깊어진다. 그리고 우리가 다시는 그렇게 수준 낮은 생활을 하지 않도록 결심하는 계기가 될 수도 있다. 그렇게 마구잡이로 사는 것은 무의식이 원하는 대로 자동적으로 사는 인생이기 때문이다.

변명하지 말고
책임지기

생각해보기

이 인생은 다른 누구의 것도 아닌 우리의 것이다. 살다 보면 인생이 우리를 상대로 음모를 꾸미는 것 같다는 생각이 들 때가 있다. 하지만 우리는 세상에 내보내는 에너지를 결국 돌려받는 것이기 때문에 지금까지 살아온 인생은 우리가 그동안 세상에 자신을 드러낸 방식에 따른 결과물이라고 볼 수 있다.

모든 것이 어렵고 괴롭게 느껴진다면 긍정적인 태도로 살고 있지 않기 때문일 수도 있다. 만일 주위 사람들이 하나같이 믿기 어려워 보인다면 우리가 인생을 멋지게 만들기 위해서 필요한 만큼의 신뢰를 쌓지 못했기 때문일 가능성도 있다. 인생에 사랑이 부족하다고 느낀다면 우리가 스스로를 충분히 사랑하지 않기 때문일지도 모른다.

원인과 결과에 관한 세부 사항에 관계없이 우리의 태도가 우리가 세상으로부터 받는 것을 결정한다. 우리가 살아가는 세상은 우연히 만들어진 것이 아니라 우리의 창조물이다.

지구상에서 일어나는 대부분의 일은 우리의 통제 범위를 한참 벗어난다. 하지만 우리가 그런 일에 반응하는 방식은 순전히 우리 손에 달려 있다. 우리는 누구든지 좋은 일, 나쁜 일, 끔찍한 일에 반응하는 방식을 선택할 수 있으며, 그 선택은 우리의 삶의 질을 결정할 것이다.

세상이 우리 뜻대로 돌아가도록 밀어붙이려고 해서는 안 된다. 그 대신 세상이 들려주는 교훈을 유익한 방식으로 활용하기 위해서 끊임없이 노력해야 한다.

계획

이번 주에는 자신의 인생에 책임을 져보자.

우리에게서 부정적인 반응을 일으키는 사건이 일어날 때 자신을 유심히 살펴보자. 무엇인가가 완벽하지 않을 때 우리가 스스로에게 변명을 늘어놓거나 상황을 탓하지는 않는지 지켜보는 것이다.

부정적인 감정이 느껴지면 그 감정을 크게 받아들여서 충분히 느껴보는 것이 좋다. 그런 다음 어떤 이유로 부정적인 반응을 보였는지 생각해보자. 다음 페이지에 나오는 여유 공간에 부정적인 반응을 야기하는 생각을 모두 적어보길 바란다.

다 적고 나면 어떤 생각이 객관적으로 사실인지, 또 어떤 생각이 순전히 변명에 불과한지 따져보자. 이 활동을 해보면 많은 주장이 전혀 정당화되지 못한다는 사실을 알게 되고 결국에는 부정적인 태도를 이겨내는 데 도움이 될 것이다. 만일 반박의 여지가 없는데도 우리에게서 여전히 부정적인 감정을 이끌어내는 생각이 있다면 맞서 싸우는 대신 그것을 받아들일 수 있는 방법을 찾아야 한다. 우리가 필연적으로 마주하게 될 어려움을 기쁘게 받아들이는 방법을 배울 수 있다면 인생은 그만큼 쉬워지고 달콤해질 것이다.

효과

무의식이 뇌를 장악하면 부정적인 생각이 자연스럽게 들기 마련이다. 우리의 생존 본능은 일상적인 활동마저도 잠재적인 위협으로 간주하는 경향이 있기 때문에 동물적인 방식으로 반응하게 되는 것이다.

이것이 바로 자각 없이 무의식적으로 살아가는 것의 큰 문제 중 하나다. 무의식이 지배할 때는 우리가 모든 것을 무지갯빛이 아닌 흑백으로 보기 때문에 즐거움을 느끼기가 어려워지는 것이다.

부정적인 반응이 나타날 때 그런 사실을 인지하고, 숨을 깊이 들이마시고, 미소를 짓는 것만으로도 부정적인 반응의 손아귀에서 더 자주 벗어날 수 있다. 우리가 정보를 처리하는 과정을 인식하고 부정적인 감정을 촉발하는 요인을 이겨내면 나쁜 경험을 딛고 일어서서 적극적으로 반응하기가 훨씬 더 쉬워진다. 그러면 결과적으로 깨어 있는 상태로 더 오랫동안 지낼 수 있다.

내가 지금 생각하는 것은?

깔깔 웃기

생각해보기

웃음은 최고의 약이라는 말이 있다. 항상 웃는 얼굴인 사람들도 있고, 죽을 때까지 단 한 번도 웃지 않을 것 같은 사람들도 있다.

자주 웃는 사람이 스트레스에 더 효과적으로 대처하고, 더 건강하고, 더 친화력이 좋다. 다른 사람들과 함께 웃으면 그들과 고유한 방식으로 소통하게 된다. 그런 소통 방식은 깊이와 진정성이 있으며 축하의 의미를 담고 있다.
유머는 다른 것과 비교할 수 없을 만큼 여러 사람을 하나로 묶어주는 힘이 있다. 계급, 인종, 성별, 나이, 직업, 고정관념과 관계없이 누구나 유머를 즐긴다. 웃고 싶은 욕구는 대단히 인간적이며, 웃고 나면 다른 사람들과 하나가 된 느낌이 들고 모든 것이 괜찮다는 생각이 든다.

계획

오늘 다른 사람과 깔깔 웃어보자.

농담을 하거나 사람들을 어떤 식으로든 웃길 수 있는 이야기를 들려주면 된다. 무엇을 하든 웃음을 이끌어내고 세상에 가벼운 마음을 퍼뜨릴 수 있으면 되는 것이다.

마땅한 농담이나 이야기가 떠오르지 않는다면 인터넷을 이용하자. 온라인상에는 웃기는 것이 많이 있다. 혼자서 보지 말고 누군가와 함께 웃는 것이 중요하다. 이 활동을 정말 진지하게 해보고 싶다면, 재미있는 농담을 적어서 일반인도 무대에 오를 수 있는 바에 가보자. 무대에서 자신의 농담을 몇 분 동안 테스트해보는 것만 한 경험도 없으며, 반응이 좋을 경우 그렇게 달콤한 순간도 없을 것이다. 이 모든 것이 부담스럽다면 친구와 함께 코미디클럽을 찾아가서 다른 사람들이 들려주는 농담을 즐겨도 좋다.

효과

앤드리 애거시Andre Agassi의 코치는 그에게 세상에는 두 가지 유형의 사람이 있다고 알려주었다. 방 안의 분위기를 감지할 줄 아는 '온도계' 같은 사람과, 분위기를 바꿀 수 있는 '온도조절장치' 같은 사람이 있다는 것이다. 분위기를 바꿀 줄 아는 것은 아름다운 재능이며, 유머는 변화를 이끌어내는 환상적인 도구 중 하나다.

사람들은 대체로 인생을 너무 심각하게 여기기 때문에 고통을 받는다. 이는 우리가 무의식적으로 살아갈 때 나타나는 인간적인 증상의 일부다. 하지만 깔깔거리고 웃으면 그런 상태에서 벗어나고 깨어날 수 있으며, 자신뿐만 아니라 우리와 함께 웃는 사람들과도 교감할 수 있다.

많이 웃을수록 더 오래 살고 매 순간이 더 기쁘게 느껴질 것이다.

미소 짓기

생각해보기

인생을 너무 심각하게 받아들이거나 마음이 무겁고 부담스러울 때는 그런 면이 얼굴에 고스란히 나타난다.

하지만 미소를 지으면 돈과 노력이 전혀 안 드는데도 여러 가지 이점을 누릴 수 있다. 웃으면 스트레스가 줄어들고 기분이 좋아진다. 그리고 창의력도 증진되고 다른 사람들이 볼 때 다가가기가 더 쉽고 믿음직한 사람처럼 느껴진다. 미소는 생리적으로도 이로우며 세포에 긍정적인 영향을 미친다. 자주 웃음으로써 매일 더 긍정적으로 살도록 뇌를 재조정할 수도 있다. 그러니까 미소를 짓는 것은 단지 그 순간만을 위한 것이 아니라 장기적으로 더 나은 인생을 위한 것이다.

우리는 업무에 너무 많은 시간을 할애하며, 이 세상에 혼자 있다는 느낌을 자주 받는다. 하지만 우리는 다른 사람들과의 의미 있는 소통이 행복과 전반적인 삶의 질에 큰 영향을 미친다는 것을 알고 있다. 연구에 따르면 미소는 사람들에게 섹스, 쇼핑, 초콜릿보다 더 큰 즐거움을 선사한다고 한다. 미소를 한 번 지으면 초콜릿바 2천 개를 먹는 것이나 현금으로 2천만 원을 받는 것과 동일한 자극을 받을 수 있다. (대체 사람들은 이런 것을 어떻게 측정할까?)

웃기만 한 것 치고는 효과가 정말 좋은 셈이다.

계획

오늘 더 자주 웃어보자.

이 활동은 장난기가 약간 섞인 태도로 하는 것이 중요하다. 미소를 짓는 것은 우리에게 이롭기도 하지만 다른 사람들에게도 그 즐거움을 전염시킬 수 있다. 오늘 만나게 되는 모든 사람이 미소를 지을 수 있도록 돕겠다고 결심해보자. 이 활동을 친구와 함께한다면 누가 다른 사람들을 더 많이 웃길 수 있는지 경쟁해도 좋다. 그러다 보면 서로의 고유한 기술과 재능을 접하고 새로운 것을 배우게 될지도 모른다. 예전처럼 잘 웃지 않는 생활을 하지 않도록 손등에 웃는 얼굴을 그려보자. 그 얼굴을 볼 때마다 주위 사람들과 눈을 맞추면서 너그러운 마음으로 활짝 웃으면 된다.

효과

미소를 지으면 엔도르핀이 분비되고 코르티솔의 분비가 감소되어 기분이 좋아진다. 뿐만 아니라 다른 사람들이 우리를 더 따뜻한 태도로 대하게 하고 우리와 더 강한 유대를 맺고 싶게 하기도 한다. 우리도 기분이 좋고, 그들도 기분이 좋고, 세상이 조금 더 밝아지는 것이다. 게다가 새로운 친구도 사귀게 될 것이다.

미소를 짓는 것은 간단하지만 효과가 좋다.

잘못 바로잡기

생각해보기

누구나 과거에 자랑스럽지 않은 일을 한 경험이 있다.

하는 일마다 유니콘과 해바라기로 이어질 만큼 완벽한 인생을 사는 사람은 아무도 없다. 때로는 우리의 행동이 그렘린이나 다른 종류의 괴물을 이끌어내기도 한다. 과거의 행동을 돌아보고 눈살을 찌푸리면서 우리가 다르게 행동했으면 좋았을 거라고 후회하는 것은 지극히 정상이다.
후회는 우리를 갉아먹는 무겁고도 억눌린 에너지다. 하지만 다행히 떨쳐내기는 무척 쉽다.

계획

인생에서 후회가 되는 순간을 한번 떠올려보자. 어떤 이유에서든지 오늘 우리의 마음을 불편하게 하는 행동을 한 경험에 대해 생각해보면 된다.

숨을 깊이 쉬면서 미소를 짓고 그 일의 세부 사항을 기억해보자. 기억을 떠올리면 마음이 불편할지도 모르겠지만 기억을 조금 더 붙잡고 있으면 결국에는 마음이 가라앉고 그 일을 있는 그대로 볼 수 있을 것이다. 문제의 일은 실수였을 뿐 그 이상도 그 이하도 아니다. 그 순간의 기억에 집중하고 우리가 사과하고 싶은 대상을 떠올려 보자. 그러고 나서 마음을 열고 그 사람에게 무조건적인 사랑을 보내면 된다. 지금 당장 에너지를 활용하여 사과의 마음을 전달한다면 큰 짐을 덜어내는 느낌을 받을 수 있을 것이다.

이제 후회하는 마음이 더 이상 우리를 괴롭히지 못하도록 사과하고 싶은 사람과 대화하는 장면을 상상해보자. 자신이 어떤 성격인지, 그리고 그 사람과 어떤 관계였는지에 따라 다르겠지만 수화기를 들고 실제로 사과하고 싶은 마음이 들지도 모른다. 진짜로 사과할 마음이 있다면 칭찬해주고 싶다! 화해의 손길을 내미는 것은 충분히 칭찬받을 만한 행동이다. 자신의 잘못을 인정하는 데는 용기가 필요하지만 인정하고 나면 기분이 훨씬 좋아질 것이다.

효과

우리는 불필요한 에너지를 품고 다니는 경우가 너무나 많다. 오늘 마음이 약간 불편한 것이 과거의 고통스러웠던 경험을 마주하는 것보다 나아 보이기 때문이다. 사람들이 우리의 용기 있는 사과를 어떻게 받아들일지 예측할 수 있는 방법은 없다. 하지만 좋은 의도로 사과한다면 어깨가 한결 가벼워지는 느낌이 들 것이다.

과거의 실수를 만회하면 오늘 보다 완전한 삶을 사는 데 도움이 된다. 설령 실제로 사과하지 않고 머릿속으로 사과하는 장면을 상상하기만 하더라도 잔잔한 해방감을 느낄 수 있을 것이다.

저질러버리기

생각해보기

멋진 인생을 살고 있는 사람들에게 그렇게 신나는 경험을 할 수 있는 비법이 무엇인지 물으면, 그들은 대체로 인생에 큰 변화를 준 일들에 대해 이야기한다.

그들은 외국으로 이사를 가거나 사업을 시작하거나 독특한 기술을 배웠다. 자신이 열정을 느끼는 일에 뛰어들거나 모든 것을 그만두고 새로 시작한 경우도 있었다. 그들이 무엇을 했든지 간에 위험부담이 따르는 큰일을 벌였다는 것만은 분명했다. 흥미롭게도 그들의 친구들은 그 일에 위험부담이 따른다고 생각했지만 당사자들은 그렇게 생각하지 않았다. 그들에게 왜 그런 큰 변화를 시도했는지 물어보면 그것이 자신에게 어울린다는 느낌이 들었고 너무나 신나는 일이라 뛰어들 수밖에 없었다는 대답이 돌아온다. 그런 결정은 그들이 무의식의 지배로부터 벗어나게 해주고 보다 깊이 있는 삶을 살도록 도와주었다. 그리고 그들이 어떤 일이든지 가능하다는 사실을 기억하게 하는 데도 도움이 되었다.

계획

우리의 인생을 완전히 바꿔놓을 만한 일에 대해서 생각해보자. 나의 경우에는 결혼하고, 애 둘을 낳고, 바닷가로 이사 가고, 첫 번째 책을 쓰고, '어핑 유어 엘비스Upping Your Elvis'를 설립한 일이 인생에 큰 변화를 불러왔다. 나와 친하게 지내는 한 친구는 최근에 스키 시즌을 맞아서 아이들을 학교에 보내는 대신 프랑스 샤모니에 데려갔다. 그는 그 휴가가 가정생활과 일에 굉장히 큰 힘이 되었다고 말했다. 휴가가 끝나고 나서 활기가 넘치고, 생기가 돌고, 인생에 대한 새로운 생각이 많이 생겼다는 것이다. 그는 돈 걱정을 할 필요도 없었다. 휴가지에 가 있는 동안 집에 세를 놓아 그 돈을 외국에서 숙박비로 쓸 수 있었다.

독자들의 경우에는 어떤 일이 인생에 획기적인 변화를 불러올 것 같은가? 우리를 정말 신나게 하는 일이 무엇일까? 우리가 서서히, 조금씩 무의식의 지배를 받도록 격려하는 시스템에 동화되지 않고 우리에게 어울리는 인생을 살게 해줄 일이 무엇일까? 우리가 멋진 사람이고 모든 것이 가능하다는 사실을 일깨워 줄 일이 무엇일까?

무섭고 신나지만 우리를 끊임없이 유혹하는 활동을 전부 종이에 적어보자.

다 적었으면 무엇을 망설이고 있는가? 당장 뛰어들자.

효과

큰일을 벌일 준비가 되어 있다는 느낌이 늘 드는 것은 아니다. 하지만 준비가 부족하다는 것은 핑계에 불과한 경우가 많다. 어차피 완벽한 타이밍이란 없으며 어떤 일이든 완벽하게 준비할 수도 없다.

이 책에 나오는 모든 활동은 우리가 매일같이 비몽사몽간에 살아가지 않고 깨어나도록 하는 데 도움이 되도록 고안되었다. 하지만 진정한 의미에서 번쩍 깨어나고 싶다면 큰일을 벌여야 한다.

나는 27살에 직장을 관두고 여행을 떠났다. 모든 것이 생생하고 신나고 새로웠다. 정말 꿈같은 시간이었다. 나는 언제나 가방을 싸서 훌쩍 떠나는 일을 어렵게 생각하지 않을 것이다. 그런 선택 사항이 항상 가까이 있는 만큼 큰일에 뛰어들 마음의 여유가 있다는 생각이 드는 것이다.

회사를 한번 세우고 나면 회사를 하나 더 세우기가 쉬워진다. 마찬가지로, 외국에서 한번 살아보면 지구상 어디에서도 살아갈 수 있을 것이다. 새로운 기술을 한 가지 익히면 시간을 보낼 수 있는 방법은 무궁무진해진다.

오늘 큰일을 벌이면
그 파급력은
영원히 계속될 것이다.

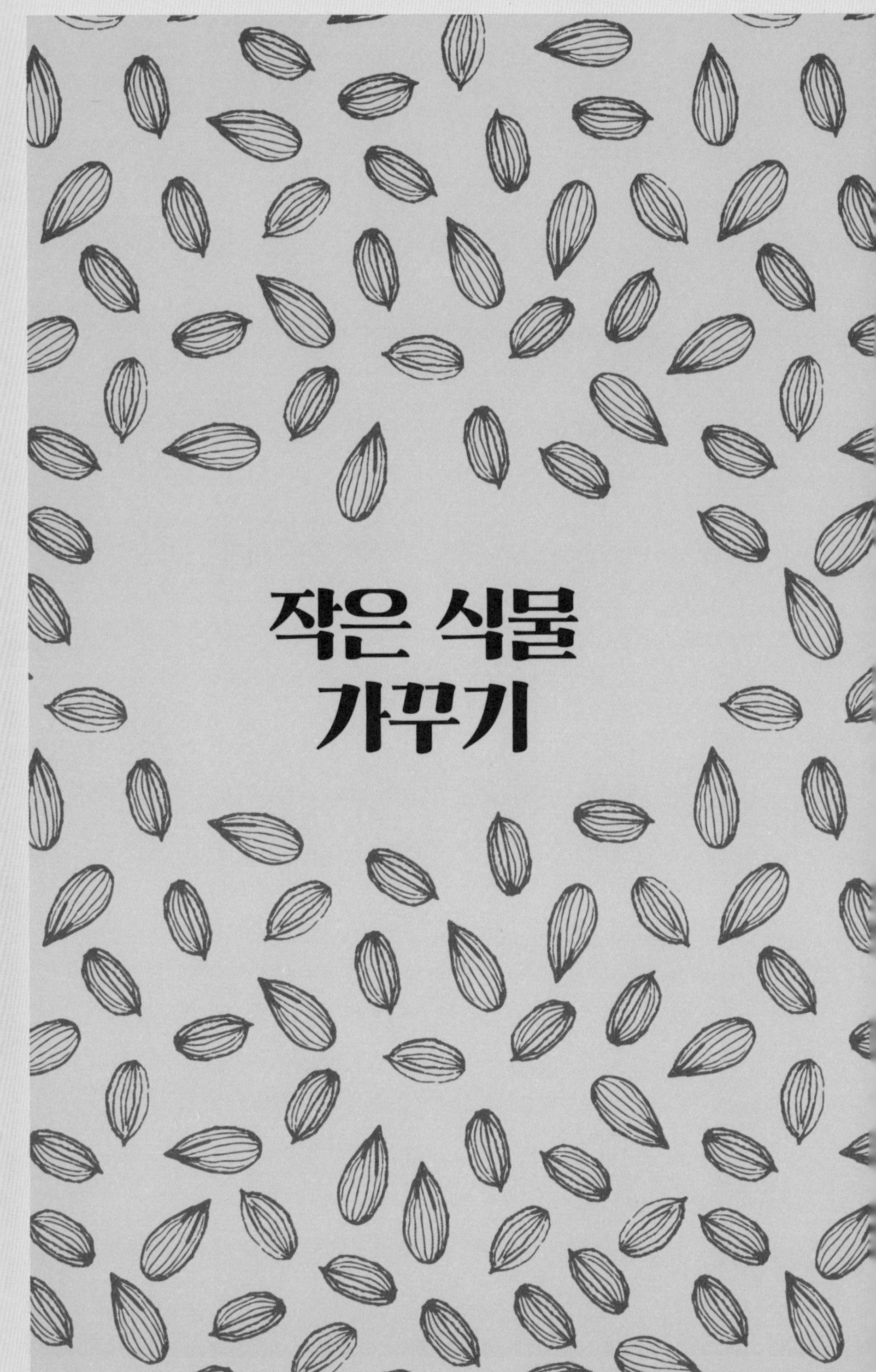

작은 식물 가꾸기

생각해보기

우리는 따분한 사람처럼 보일 때도 있다. 사회에 동화되어 다른 사람들과 조화를 이루며 살아가도록 무의식적인 압박에 시달리기 때문이다. 이런 생활의 장점은 모든 사람이 예의가 바른 공손한 사회에 살게 된다는 것이다. 하지만 인생이 얼마나 재미있어야 하는지 잊어버리게 된다는 단점도 있다.

나는 심하지 않은 장난을 무척 좋아한다. 그 장난이 다른 사람들을 웃게 할 수 있다면 더더욱 좋다. 게릴라 가드닝guerrilla gardening(도심의 버려졌거나 방치된 땅을 허가 없이 정원으로 가꾸는 활동—옮긴이)은 수십 년 동안 사람들의 상상력을 자극하고 사람들이 삽을 들도록 영감을 불어넣었다. 게릴라 가드닝은 자연이 존재하지 않는 공간에 자연을 불러와서 변화를 야기하는 활동이다. 도심 지역의 버려진 땅 같은 곳에 식물을 심는 것이다. 이것은 현대적인 현상은 아니며, 역사를 추적해보면 게릴라 가드닝은 1649년 영국 서리에 살았던 디거Digger라는 반항적인 원예사로 거슬러 올라간다. 중요한 것은 식물을 심을 권한이 없더라도 무엇인가를 심고 나면 무엇이 자라든 간에 그 공간에 자연적인 아름다움이 더해진다는 것이다.
물론 공공시설을 파손하거나 파괴하길 권하는 것은 아니다. 게릴라 가드닝은 항상 책임감 있는 태도로 실천해야 한다. 문제를 일으키는 것이 아니라 공간을 개선하겠다는 목적으로 공간에 적합한 식물을 이용해야 한다.

계획

이번 주에는 우리 모두 각자의 방식으로 게릴라 가드너가 되어보자.

애덤 퍼플Adam Purple의 유명한 '에덴동산Garden of Eden'처럼 걸작을 만들 필요는 없다. '에덴동산'은 맨해튼에서 420평이 넘는 공간을 차지하고 있지만, 우리는 그저 자연이 있을 것이라고 사람들이 예상하지 못하는 공간에 무언가를 심으면 된다.

누구나 개성이 필요한 빈 공간을 찾을 수 있으니 창의력을 발휘해보자. 도로변에 보면 사랑받지 못하는 나무 주위에 약간의 땅이 있는 경우가 많다. 거기에 작은 식물을 심어보자. 나는 개인적으로 씨앗이나 뿌리를 심는 것을 좋아한다. 씨앗이나 뿌리는 자라기까지 시간이 오래 걸리는 만큼 그동안 내가 심은 것이 언젠가 쑥쑥 자랄 것이라고 기대하는 느낌이 좋다. 나에게는 그런 기대감이 식물이 실제로 다 자란 모습을 보는 것만큼이나 기쁜 일이다. 하지만 많은 사람이 이미 어느 정도 자란 식물을 땅에 심고 싶어 한다는 사실을 알고 있다.

효과

우리는 약간 긴장되거나 신이 날 때 살아 있다는 느낌이 조금 더 강하게 든다. 게릴라 가드닝은 다른 사람들을 속상하게 하지는 않겠지만 장난기 있는 활동인 것은 분명하다. 이렇게 재미있고 소소한 활동을 하면 인생이 어렵고 고되고 문제로 가득한 것이 아니라 파티 같아야 한다는 사실을 새삼 깨닫게 된다.

나는 다른 사람들이 아름다움이 존재할 것이라고 생각하지 않는 곳에서 예쁜 것을 알아볼 때 스릴을 느낀다. 어쩌면 이런 활동이 그 사람들을 깨어나게 하는 데도 도움이 될지 모른다.

사람들 관찰하기

생각해보기

정신없이 바쁘게 움직이면 무질서한 존재의 강에서 헤엄치는 것 같은 기분이 든다. 그 안에서 허우적거리고 있을 때는 살아 있다는 사실을 감사히 여기는 것이 불가능하다. 하지만 한 발짝 물러나서 강의 움직임을 관찰하면 우리의 존재를 구성하는 여러 가지 요소가 어떤 조합을 이루고 있는지 떠올리는 데 도움이 된다.

인간의 의식에는 여러 단계가 있다. 우리는 인생의 대부분을 마치 혼자 있는 것처럼 느끼며 살아간다. 실제로 우리는 매일 거울 속에서 보는 그 사람이 맞다. 존재의 강에 휩쓸리면 인생이 본래 어렵고 빠르고 까다로운 것이라는 시각이 굳어질 수밖에 없다. 하지만 우리는 인간에게는 몸, 직업, 생활 외에 다른 무엇인가가 더 있으며 우리가 자신보다 훨씬 큰 무엇인가와 연결되어 있다는 사실을 알고 있다. 존재의 강에서 벗어나 보면 그런 점을 기억하는 데 도움이 된다.

계획

10분 정도 짬을 내서 조용히 앉아 다른 사람들이 정신없이 바쁘게 살아가는 광경을 관찰해보자. 이 활동을 하는 전통적인 방식은 카페의 야외 자리에 앉아서 세상이 돌아가는 모습을 지켜보는 것이다. 앤디 워홀Andy Warhol은 인생(과 수프)을 관찰하는 능력이 탁월했다. (어쩌면 그의 이런 관찰력이 캠벨의 수프 캔에 영감을 주었는지도 모른다.) 워홀은 이런 명언을 남겼다. "자유국가에 산다는 것은 멋진 일이다. 다른 사람의 공간에 한동안 앉아서 마치 그 공간에 속하는 것처럼 행동할 수 있기 때문이다. 우리는 플라자호텔에 살지 않더라도 호텔에 앉아 있을 수 있다. 가만히 앉아서 사람들이 지나가는 풍경을 관찰할 수 있는 것이다." 만일 플라자호텔 근처에 살지 않는다면 공원 벤치에 앉아서 주위 사람들이 어떻게 살아가는지 관찰하면 된다. 아니면 강물이 아래로 지나가는 다리에 서서 시야에 잡히는 여러 가지 광경을 지켜봐도 좋다.

이때 다른 사람과 대화를 나누거나 디지털 기기를 만지작거리지 않도록 주의하자. 그냥 가만히 다른 사람들을 관찰하면 된다. 그리고 조용히 앉아서 숨을 제대로 쉴 때(p.34 참조) 우리를 스쳐 지나가는 다른 사람들과 얼마나 다른 에너지를 얻게 되는지 살펴보자.

효과

하루 중에 잠깐 시간을 내서 바쁜 일상에서 한 걸음 물러나 보는 것은 의식적인 생활과 선택에 도움이 된다. 어쩌면 이런 활동이 팔자 좋은 취미 같아 보일지도 모르겠지만 나에게는 명상이나 다름없다. 사람들은 마음이 차분해지기 위해서는 실내에 있어야 한다고 생각하는 경우가 많다. 하지만 이 간단한 활동을 하다 보면 바깥세상이 바쁘게 돌아가는 모습 역시 우리가 원하는 대로 내면의 평화를 이끌어내는 힘이 있다는 사실을 알게 될 것이다. 이런 방법은 간편하고 쉬우며 효과적이다.

아끼는 사람에게 편지 쓰기

생각해보기

인간은 그 어느 때보다도 독립적이고 고립된 삶을 살고 있다. 1인 가구의 수는 계속 증가하고 있으며, 서로 간의 소통은 점점 줄어드는 실정이다. 디지털시대를 사는 사람들이 물리적으로 떨어져 있기 때문이다.

팀 버너스 리 경Sir Tim Berners Lee이 월드와이드웹을 만든 것은 인터넷이 인류에 도움이 되고 기계뿐만 아니라 사람들도 연결해주길 바라는 마음에서였다. 인터넷은 실제로 현명하게 사용할 경우 이런 기능 외에도 여러 가지 멋진 기능을 수행해낸다. 하지만 모든 것이 그렇듯이 좋은 것도 과하게 이용하면 문제가 생긴다. 아날로그 매체를 이용하면 마음의 안정을 되찾고 자연스럽고 인간적인 본능을 다시 깨우는 데 도움이 된다. 우리는 인생에서 중요한 사람들과 시간을 충분히 보내지 않는다. 이 말은 우리가 중요한 것에 대해서 이야기하지 않는다는 뜻이다. 에이미 와인하우스Amy Winehouse는 자신의 페이스북에 '좋아요'를 누른 사람이 천만 명이나 있었지만 결국 유튜브에 있는 자신의 영상을 보면서 혼자 죽었다. 그런 일이 정상일 수는 없다. 행복하고, 성취감을 느끼고, 지구와 제대로 연결된 느낌을 받기 위해서는 다른 사람들과 의미 있는 관계를 형성해야 한다.

계획

이번 주에는 아끼는 사람에게 편지를 써보자. 내용은 무엇이든 상관없다. 그저 편지를 받는 사람에 대해 우리가 정말로 고맙게 생각하는 부분만 포함하면 된다.

서두를 필요는 없다. 요즈음에는 편지 쓸 일이 워낙 적은 만큼 경험을 충분히 즐기고 단어를 신중하게 선택하면 된다. 편지를 쓸 때면 시간이 천천히 흘러간다. 우선 편지에 쓸 내용을 따져보고 책상 위에 공간을 마련해야 한다. 이메일 대신 손수 편지를 쓰면 우리가 하고 있는 말과의 유대감이 강해진다. 편지를 다 쓰고 나서 봉투를 봉한 다음 우체통에 넣으면 편지가 배달된 만족감을 느낄 때까지 기다려야 하는데, 그 기분이 환상적이다. 그런 시간은 소중하며 마음껏 즐길 가치가 있다.

누구에게
편지를 쓸까?

효과

시간을 들여서 아끼는 사람에게 편지를 쓰면, 그 사람의 특별한 점과 그 사람이 우리에게 안겨주는 것들을 더 높이 평가하게 된다. 그러면 그 사람과의 유대감이 강해지고 고마운 마음이 더 커질 것이다. 편지를 받는 사람 역시 누군가가 아껴주고 자신의 특별함을 인정해줄 때 얻을 수 있는 여러 가지 아름다운 이점을 누리게 되며, 정신적으로 더 깨어 있는 생활을 하는 데도 도움이 될 것이다. 그런 편지를 읽고 나면 그날 하루가 순식간에 더 영롱하게 빛난다.

타갈로그어로 '불행하다'와 '외롭다'는 같은 단어다. 하지만 필리핀 출신이 아니더라도 그 이유가 무엇인지 짐작할 수 있을 것이다. 다른 사람과의 의미 있는 교감은 대단히 중요하다. 인생은 바로 그런 교감에 관한 것이다.

할아버지께서는 나에게 편지를 딱 한 통 써주셨다. 나는 그 편지를 여전히 가지고 있다.

왜 지금인가?

인생이라는 게임은 예전에는 성취에 관한 것이었다. 승리하기 위해서 우리는 규칙을 따르고 성공에 이르는 일직선으로 난 길을 걸어야 했다.

물론 학교 성적도 좋아야 했다. 우리는 전인교육이 인재를 낳는다는 것을 알고 있었다. 개인의 독특한 재능과 특이한 열정은 억압되었다. 그래야만 모두 어우러져서 살아가고, 학교에서 배우는 여러 가지 사실이 왜 유용한지 이해하지도 못한 채 그것을 열심히 되새김질하는 방법을 배울 수 있기 때문이다. 우리는 단점을 없애고, 여러 단계로 이루어진 교육체계를 거쳐 졸업하고 나서 노동력의 일부가 될 준비를 해야 했다.
그런 체계에서 직장 생활은 다음 단계로 나아가는 데 초점이 맞춰져 있었다. 첫 번째 직장은 별로인 경우가 많았고, 은퇴하기 전까지는 계속해서 조금 덜 별로고 돈을 조금 더 주는 직장에 들어가려고 노력해야 했다. 우리는 남에게 뒤지지 않으려고 애를 쓰면서 결혼하기, 집 장만하기, 자녀 낳기, 외국에서 휴가 보내기로 이어지는 길을 갈망하도록 훈련되었다. 그 모든 것을 성취하고 나면 다음 순서는 우리의 자녀들이 다재다능한 미래의 노동력으로 성장하도록 돕는 것이었다.

예전에는 인생이 보드게임처럼 우리 앞에 놓여 있었다. 모두가 규칙이 무엇인지 알았고, 매년 주사위를 굴려서 우리가 앞으로 몇 칸이나 이동할 수 있는지 살펴보았다. 우리가 어디로 가고 있는지 알았기 때문에 생각을 많이 할 필요도 없었고, 다른 길이 있다는 것을 인식할 필요도 없었다.

하지만 그때는 그때고 지금은 상황이 다르다. 살면서 일직선으로 난 길을 걷는 시절은 끝나가고 있다. 우리의 교육체계는 실패의 길을 걷고 있으며 자녀들은 선생님보다 유튜브를 통해서 더 많은 것을 배우고 있다.

이제는 평생 한 직장에 다니면서 고정적인 월급을 받는 삶을 살지 않는 사람도 많다. 더 많은 것을 성취하고 소유하고 소비하고 돈을 더 많이 버는 삶은 우리가 인생을 분명하게 의식하지 못하는 상태에 이르게 할 뿐이라는 자각도 있다. 우리에게 주어진 소중한 인생을 낭비하지 않으려면 매일매일 알차게 살아야 한다. 무의식의 지배로부터 탈출한다는 것은, 우리가 본모습대로 살아가고 이제는 기존의 관습에서 벗어나서 반기를 들 수 있다는 뜻이다.

시간은 한정되어 있다.
낭비하지 말자.

하루하루를
의미 있게

생각해보기

나는 언젠가 인생이 짧다는 말도 들었고 인생이 길다는 말도 들어봤지만 그 순서대로 들은 것은 아니다. 나는 그 말에 충분히 공감한다. 어렸을 때는 미래까지 쭉 뻗어 있는 인생이 거의 무한할 만큼 길게 느껴졌다. 인생을 더 알차게 보내거나 시간을 유용하게 활용해야 한다는 걱정 같은 것은 들지 않았다. 시간이 많았기 때문에 온종일 소파에 누워서 폭음이나 폭식의 후유증으로부터 회복하더라도 시간이 아깝지 않았다.

하지만 요즈음에는 내가 책임질 일도 많아졌고 시간에 대한 압박도 커졌다. 그러다 보니 몇 년이 훌쩍 지나간 느낌이 든다. 시간이 얼마나 빨리 가는지 진정으로 살아가는 것이 아니라 인생이 그냥 정신없이 바쁘게 흘러가 버리는 것처럼 느껴질 지경이다. 무의식은 우리가 너무 많은 일을 감당하려고 애쓰는 상황을 좋아한다. 그러면 우리가 일상적인 활동을 할 때도 무의식의 도움을 받지 않을 수 없기 때문이다.

우리가 이 세상에서 살아갈 날이 그렇게 많이 남지 않았다는 점을 생각해보면(영국인의 경우 평균 기대수명이 81세인데 그중 3분의 1은 일하는 데 쓰인다) 하루하루가 소중하고 하루하루를 의미 있게 보내야 한다는 사실을 새삼 떠올리게 된다.

계획

하늘과 땅이 보이는 곳에 조용히 앉아서 숨을 깊이 들이마시고 죽음을 피할 수 없다는 사실에 대해 생각해보자.

기술의 놀라운 발전으로 죽을 날이 100년 뒤에나 찾아올 수도 있지만 반대로 100일이나 100초 뒤에 찾아올 수도 있다. 인생이란 본래 그런 것이기 때문이다.
그런 점을 감안할 때, 오늘 무엇을 해야 멋진 하루를 보낼 수 있을까?
원하는 것이 행동이나 활동 또는 성취해야 하는 일이 아닐지도 모른다. 우리가 어떤 마음으로 하루를 보내고 싶은지, 또 무엇을 감사하게 여기는지 생각해보자. 우리가 사랑하는 사람들과 대화를 나눌 수 있는 시간에는 한계가 있다. 오늘 그들과 어떤 대화를 나눠야 더 의미가 있을까? 마찬가지로, 우리가 평생 마실 수 있는 차에도 한계가 있다. 우리가 지금 마시고 있는 차를 어떻게 하면 더 맛있게 즐길 수 있을까? 밖에서 산책을 할 수 있는 시간에도 한계가 있다. 어떻게 해야 오늘의 산책이 특별해질까?

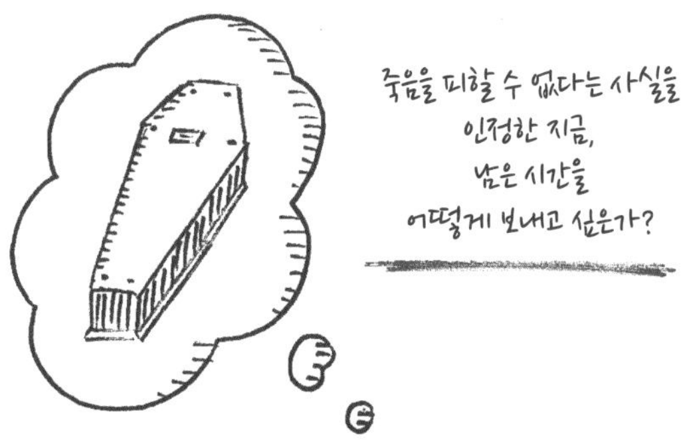

효과

데이비드 보위는 나의 우상 중 한 명이다. 그는 69세에 세상을 떠났다. 혹시 독자들이 알고 지내거나 선망하던 사람이 일찍 죽은 일이 있는가? 그런 일이 없을지도 모르지만 있을 수도 있을 것이다. 내가 만일 보위와 같은 나이에 죽게 된다면 나에게 남은 시간은 고작 21년밖에 되지 않는다. 그 기간 중 10년은 일하느라 바쁘게 흘러갈 것이고, 그러다 보면 책을 세 권밖에 쓰지 못할 것이다. 그렇게 생각하니 눈이 번쩍 뜨였다. 일만 하지 말고 내가 좋아하는 다른 것들을 더 열심히 하고 매 순간을 즐겨야 한다는 생각이 강하게 들었다. 사랑하는 가족과 시간을 더 많이 보내고, 그들과 제대로 교감하고, 교감의 기쁨을 충분히 즐겨야 한다는 생각도 들었다. 이런 시각은 대단히 유용하다.

나는 최근에 나의 야망에 관한 질문을 받았다. 그리고 야망이란, 많은 것을 성취하고 더 나은 작가가 되고 위대해지기를 갈망하는 것이 더 이상 아니라는 사실을 깨달았다. 내가 원하는 것은 오늘을 잘 사는 것이다. 우리가 이 세상에서 영원히 살아가는 게 아니라는 사실을 떠올리면 보다 깨어 있는 상태로 남은 나날을 더 나은 방식으로 살 수 있을지도 모른다.

웨이크업! 웨이크업!

우리가 이 세상에서 보내는 하루하루는 환상적이어야 한다. 그렇다고 해서 매일 꽃종이를 뿌리면서 행진을 하거나 야단법석을 떨자는 것은 아니다. 다만 살아 있다는 사실에 감사하고 인생을 즐기자는 것이다.

나는 이 책에 실린 활동이 전부 재미있었다. 그런데 책을 쓰며 활동을 직접 다시 해보면서 활동을 하는 것 자체가 교훈이 아니라는 사실을 깨달았다. 그보다는 이렇게 다양한 활동을 해보고 그 과정에서 깔깔 웃으면서 내가 인생을 왜 그토록 좋아하는지 기억하게 되었다. 우리가 재미를 느낄 수 있는 기회는 무궁무진하다. 멋진 사람들을 만날 수 있는 기회 역시 마찬가지다. 매일 진정으로 깨어 있는 느낌을 받을 기회도 무한하다. 우리가 그런 사실을 가치 있게 여기고 그런 생각을 충분히 깊이 믿는다면 하루도 빠짐없이 진정한 인생을 맛볼 수 있을 것이다.

나는 이제 남은 시간 동안 여러 가지를 시도하는 데 전념할 계획이다. 독자들도 나와 함께 이 여정에 오르길 바란다. 나의 꿈은 나와 생각이 비슷한 사람들 역시 여러 가지를 시도해보고 나서 우리 모두와 그 경험을 공유하는 것이다. 그래서 깨어날 수 있는 새롭고 다양한 방법을 모두 함께 시도해보는 것이다. 이런 시도를 어떻게 해야 하는지에 관한 규칙은 없다. 나의 독자들은 이런 활동을 이미 수백 번이나 이리저리 비틀어서 시험해보았고, 새롭게 태어난 활동은 그들에게 고유한 이득을 안겨주었다.

우리가 창의력을 발휘하여 다른 사람들이 그런 이득을 누릴 수 있도록 도우면 우리 역시 무의식의 지배에서 더 쉽게 벗어나고 많은 것을 더 깊이 있게 배우게 된다. 따라서 독자들도 그런 일에 앞장서고 내가 시작한 일이 계속 진행될 수 있도록 도와주길 바란다.

나의 여정에 동행하고, 원한다면 다른 사람들의 조언대로 활동을 해보고 독자들이 배운 것에 대해서 공유해주길 바란다.

이 책은 특별할 것은 없지만 독자들에게 권하는 사고방식과 태도만은 유용하다. 나는 우리 모두에게 놀랄 만큼 성장하고 멋진 인생을 살 수 있는 기회가 있다고 생각한다. 이 책에 담긴 내용의 에너지를 받아들이면 얼굴에 미소를 띠고 가벼운 발걸음으로 살아갈 기회가 훨씬 더 많아질 것이다.

여러 사람이 매일 이런 활동을 함으로써 진정으로 깨어난다면 세상이 단순히 조금 더 나아지는 데서 그치지 않을 것이다. 사람들은 기존에 잘못되었던 것을 바로잡고 삶에 더 큰 가치를 부여할 것이다. 삶은 원래 그렇게 높은 가치를 부여받아 마땅하다. 멋지고 다채로운 삶을 즐기고 우리가 이 세상에서 살아가는 아름다운 시간을 한순간도 낭비하고 싶지 않다면 지금 당장 깨어나라!

감사의 글

나는 이 책에 대한 자부심이 대단히 크지만 내가 잘나서 책을 잘 쓴 것은 아니다.

나는 대부분의 사람에게 허락된 것보다 더 자주 웃을 수 있을 만큼 축복받았고 정말 멋진 사람을 많이 알고 지낸다. 그분들은 나를 사랑하고, 응원하고, 자극하고, 나에게 영감을 불어넣어 주었다. 그리고 내가 다른 길로 새려고 할 때 올바른 방향을 제시하고, 내가 오늘 여기까지 오고 이 책을 완성할 수 있도록 나를 콕콕 찔러주었다. 그분들의 정성을 진심으로 감사하게 생각한다.

이 책뿐만 아니라 '웨이크업!' 플랫폼에도 직접적으로 도움을 준 분들에게 대단히 감사하다는 인사를 전하고 싶다. 항상 빼먹는 분들이 생기는 만큼 그분들에게 미리 양해를 구하며, 다음의 분들에게 감사드린다. 젬마 그리브스, 마이클 액턴 스미스, 콜린 코브리지, 조시와 크라우드허브 식구들, 댄 키어런, 실렌 파텔, 고든 피터슨, 크리스 골드슨, 스티브 글래디스, 데이비드 미클렘, 데이비드 파파, 앤디 브래들리, 데이비드 펄과 스트리트 위즈덤 식구들, 피 맥윌리엄, 엠마 스넬그로브, 멜 맥두걸, 니카 캐스렌스, 마크 파울스톤 박사, 폴 돌런 교수, 크리스 머린, 데이비드 맥크리디, 기 에스콤, 스콧 헌터, 몬티와 이안의 팀, 앤디 리드, 마이크 다레, 펭귄사의 조엘 리켓과 에밀리 로버트슨, 트레버 허우드. 그리고 나의 멋진 형 마크에게도 감사 인사를 전한다.

퍼디스, 피니스테레, 코디스, 히우트 데님, 존 바바트로스, 블록 나이브즈, 테슬라에게도 사랑스러운 물건을 만들어주고 나를 도와준 데 감사드린다.

이 책이 나오기까지 공을 가장 많이 들인 분은 다름 아닌 버네사 발로다. 버네사는 이 책을 위해서 자료를 찾아보고 원고를 편집하고 책을 홍보하면서도 내가 솔직하고 진실한 내용을 적도록 도와주었다. 그것은 결코 쉬운 일이 아니다.

수지 그리브스와 《사이콜로지Psychologies》 식구들에게도 감사의 말씀을 전하고 싶다. 그분들은 내가 이것저것 시도해볼 수 있는 자유를 주었다. 그리고 이 책에 실린 여러 가지 활동을 직접 해보고 피드백을 준 블로거와 독자들에게도 감사드린다. 그분들 덕택에 활동이 더 유용해졌다. 나에게 믿음을 보여준 데도 감사드린다.

아울러 내가 일을 계속할 수 있도록 믿어준 모든 분에게 감사의 말씀을 전한다. 많은 분이 있지만 특별히 다음 분들에게 감사드린다. 캐런 블래킷, 켈리 윌리엄스, 사이먼 대글리쉬, 스탠 스타누나탄, 크리스티나 하비브와 젠 화이트, 맷 바웰, 클레어 오언, 찰리 다우닝, 마리아 에이텔, 정말 대단한 키스 윌멋. 규칙에서 벗어나서 직장이 더 인간적이고 재미있는 곳이 될 수 있도록 힘써준 다른 많은 분에게도 감사 인사를 드리고 싶다.

'어핑 유어 엘비스'에서 일하는 모든 분에게도 감사드린다. 맷, 해리엇, 알렉스가 없었더라면 회사는 돌아가지 않았을 것이다. 어떤 일에도 굴하지 않고, 영웅적이며, 하루하루 즐겁고도 열심히 사는 짐에게도 감사의 말씀을 전한다. 짐은 훌륭한 친구이자 진정한 신사다.

물론 가족에게도 감사드린다. 부모님께서는 정말 멋진 모습을 보여주셨다. 내가 끊임없이 바보짓을 하는데도 무조건적인 사랑을 주시고 계속해서 응원해주신 것에 대해 뭐라고 감사의 말씀을 드려야 할지 모르겠다.

딸인 룰리에게도 고맙다는 말을 하고 싶다. 나는 딸아이를 볼 때마다 가슴이 마구 뛴다. 아이는 나에게 부모님이 보여주신 것처럼 무조건적인 사랑이 무엇인지 가르쳐주었다. 아들인 하비는 창의력이 무엇인지 보여주었고 우리가 매일 자신의 본모습에 어울리게 살아야만 밝게 빛날 수 있다는 것을 알려주었다.

아내인 안나에게도 말로 다 표현할 수 없을 만큼 고맙다. 나는 아내에게 푹 빠져 있으며 감사하는 마음이 크다. 내가 나아갈 방향을 보여주고 더 나은 사람이 되게 해준 데 감사드린다.

마지막으로, 독자들에게도 깊이 감사드린다.

여러분에게 일반적으로 받아들여지는 것에 이의를 제기하고 자신만의 진실을 알아내려는 투지와 욕구가 없었더라면 이 책은 아무 소용도 없었을 것이다.

계속해서 밝게 빛나고 매 순간을 즐기길 바란다.

이제는 여러분의 차례다.

나는 나 자신에게 고맙다고 말하고 싶다. 왜냐하면….

옮긴이 **황선영**

연세대학교를 졸업하고, 서울대학교 국제대학원에서 석사학위를 받았다. 현재 번역 에이전시 엔터스코리아에서 출판기획자 및 전문번역가로 활동 중이다.
옮긴 책으로는 『프로이트라면 어떻게 할까?』 『성공과 행복한 삶을 위한 작고 수상한 책』 『카멜레온 리더십』 『리처드 브랜슨처럼 오프라 윈프리처럼 스티브 잡스처럼』 『통찰력으로 승부하라』 『더 트루스』 『미래가 시작될 때』 『싱크 스마트 워크 스마트』 『위대한 협상의 달인』 『성공을 부르는 리더십』 『동기부여 불변의 법칙』 『그들도 모르는 그들의 생각을 읽어라』 『리더의 존재감은 어디서 오는가』 『리더십이란 무엇인가』 『국가 정보 공개, 어디까지 허용해야 할까?』 『국제 관계, 어떻게 이해해야 할까?』 『긍정적인 사람이 되기 위한 강력한 10가지 말』 『굿 초이스』 『사람도 잃지 않고 돈도 잃지 않는 돈 문제 솔루션』 등이 있다.

웨이크업!

—

초판 1쇄 2018년 1월 25일
지은이 크리스 바레즈-브라운
옮긴이 황선영
펴낸이 김영재
펴낸곳 책만드는집

—

주소 서울 마포구 양화로3길 99 4층 (04022)
전화 3142-1585 · 6
팩스 336-8908
전자우편 chaekjip@naver.com
출판등록 1994년 1월 13일 제10-927호

—

* 잘못 만들어진 책은 구입하신 서점에서 바꾸어 드립니다.

—

ISBN 978-89-7944-638-8 (03190)

"『웨이크업!』을 읽기 시작한 후로
하루하루 거의 100% 더 긍정적으로
살게 되었다고 솔직하게 말할 수 있다."
—피오나Fiona

실제 독자들의 반응

"책에 실린 활동이 나의
최고의 모습을 향해 나아가는
좋은 출발점이 되었다."
—크리스Chris